RÉPONSE

DE

J. N. BILLAUD,

REPRÉSENTANT DU PEUPLE,

A LAURENT LECOINTRE,

REPBÉSENTANT DU PEUPLE.

Il est sans doute plus fastidieux que difficile de répondre à une dénonciation qui a déja été rejetée par plusieurs décrets. A la vérité, Lecointre prétend qu'ils ont été *surpris*. Mais quand seulement les deux premiers ont été rendus, l'un après une discussion de quatre ou cinq heures, et le second à la suited'un examen

approfondi de chaque chef d'accusation, qui a employé huit à neuf heures, il en résulte que la première allégation de Lecointre, à l'appui de sa nouvelle tentative, est une imposture de plus qui justifie le décret dont il demande le rapport.

Cependant il dit qu'il s'est procuré des pièces : du moins n'y a-t-il pas de doute qu'il n'ait rien négligé pour en chercher ; et quoiqu'il s'en occupe, de son propre aveu, bien long-temps avant le 9 thermidor, il est forcé de convenir, aujourd'hui même, de la nullité de celles qu'il a ramassées avec tant de soins. Car dans sa lettre aux trois comités de gouvernement, il *les prie de suppléer aux preuves qui lui manquent*. Il oublie donc qu'une pareille invitation n'a pas été nécessaire pour obtenir la conviction des crimes de Robespierre et de ses complices.

Au surplus, il faut suivre Lecointre pied-à-pied, pour démontrer une dernière fois que la violation de tous les principes, les contradictions, les incohérences, les faits invraisemblables, les impostures palpables, la partialité, la mauvaise foi, souillent à chaque page et à chaque ligne ses écrits, dont le titre même est un libelle, lorsqu'il l'a intitulé : *les crimes* de sept membres des anciens comités de Salut public et de Sureté générale : et terminant avec lui et comme lui, par l'aveu qu'il fait de son état de délire, il restera prouvé que c'est là la seule vérité consignée dans son ouvrage.

Commençons par demander à Lecointre une première solution qu'il n'a donnée, ni pendant le cours de la discussion, ni dans son imprimé; solution d'autant plus essentielle, qu'elle découle d'un principe incontestable, et qui doit être la principale base de la décision à prononcer : qu'il nous dise comment il s'est permis d'amalgamer deux comités chargés d'opérations absolument distinctes, et de faire un triage de certains hommes pris à son choix dans ces deux comités, pour les accuser cumulativement de faits qui sont de l'attribution, tantôt d'un comité, tantôt d'un autre? Cependant on ne peut répondre que des actes qui sont personnels, et l'on n'avoit encore vu que Robespierre essayer de ces aglomérations perfides, afin de pouvoir toujours se servir de la réponse du loup affamé de la fable : *Si ce n'est pas toi, c'est donc ton frère.* Mais lorsque, depuis sa tyrannie abattue, la justice est à l'ordre du jour, lorsque les principes ont repris leur vigueur, ce premier trait de machiavélisme, n'est dans la main de celui qui s'en sert qu'une arme contre lui-même, en attestant sa perfidie.

Je rends graces néanmoins à Lecointre de nous avoir enfin permis de mettre notre conduite en évidence, par les réponses que nécessite son accusation reproduite ; quoiqu'on puisse lui observer, que sans être l'objet d'une animosité et d'une persécution qui dure depuis cinq mois, on n'auroit jamais été exposé à se voir mis en jugement, de décade en décade, pour les mêmes inculpations, effacées chaque fois par un décret ; car cette marche est contraire à toutes les règles de la justice ; et revenant à Robespierre, et à tous ceux qui ont voulu faire des proscrits, c'est ainsi qu'en les poursuivant sans relâche, ils parvenoient à les perdre.

Lecointre ne veut-il que la tête de ceux qu'il accuse ? On peut assurer que non. Certes, il n'ignore pas que s'il pouvoit réussir contre les premiers, la solidarité forcée des autres membres de l'ancien gouvernement, quand on ne pose que des faits qui leur sont communs, ce qui est attesté par les pièces même qu'on produit, cette solidarité qui ne pourroit être détruite que par des actes personnels, tels que les crimes de Robespierre et de ses deux autres complices, Couthon et Saint-Just, entraîneroit nécessairement la perte de l'ensemble. Mais Lecointre auroit craint d'effrayer d'abord par un nombre trop grand. Il falloit même endormir ceux qu'on paroît oublier, pour isoler davantage ceux qu'on attaque, en rendant les autres plus indifférens à leur défense. C'est une combinaison dont la profondeur ne doit échapper à personne.

L'accusation de Lecointre ne frappe-t-elle que les membres des deux anciens comités? Par son imprimé, elle s'étend à presque tous les représentans du peuple qui ont pris la parole dans les deux premières discussions. Il y joint en outre une liste suplémentaire de plus de vingt députés, qu'il dit avoir été trouvée chez Robespierre, et qu'il intitule : *hommes de tête et de cœur.* Enfin il parle de compte qu'il veut faire rendre par chaque représentant qui est allé en mission. En premier lieu, Robespierre ne demandoit la tête que de trente membres de la Convention; et il n'y auroit que Cobourg rendu à Paris qui pourroit en vouloir un plus grand nombre que Lecointre. Cependant il promet en commençant qu'il ne se permettra aucune personnalité. Mais on sait que sa parole ne vaut pas mieux que le billet donné à la Chatre.

Ne pourroit-on pas encore lui demander comment il s'est permis de disposer à volonté des pièces trouvées dans les papiers de Robespierre, avant le rapport ordonné par la Convention nationale? Mais loin de lui faire un reproche de cette licence, il faut le plaindre de ce que ses découvertes n'ont pas répondu à son empressement. Quoi! dans les papiers de Robespierre on n'a pas trouvé une seule lettre, pas le plus petit billet propre à établir la prétendue complicité dont on motive cette grande dénonciation! Qui oserait dire qu'il en est de même à l'égard de St.-Just, de Couthon, de le Bas? n'ont-ils chez ce chef de leur conspiration, d'autres pièces qui les concernent, que des arrêtés du comité de Salut public ou du comité de Sûreté générale, signés d'eux et de leurs collègues? Voila pourtant la nature des preuves qu'on nous oppose: et ces pièces étant particulières au bureau de police générale, ce qui fait que Robespierre les avait recueillies chez lui, elles sont à la décharge des dénoncés; et elles nous font un devoir de remercier Lecointre de nous fournir lui-même des moyens de défense.

Enfin, pourquoi, au mépris d'un décret qui a séparé David des six autres membres accusés avec lui, dès le principe, par Lecointre, celui-ci persiste-t-il à les associer? c'est que David, frappé par ce Décret même, et par le décret antérieur qui a ordonné son arrestation, semble devoir entraîner plus sûrement la chûte des autres, quand on a l'adresse de les attacher tous ensemble. Il faut pourtant que Lecointre ait des momens lucides, car voilà des coups de maître ; et s'il perd la tête, c'est quand les bases lui manquent pour asseoir cet échafaudage.

Au reste, avant de passer à cette preuve, il est utile de rappeler que la discusssion a été telle dans les séances des 12 et 13 fructidor; que ce n'est point le défaut de pièces qui a fait rejeter la dénonciation de Lecointre par deux décrets successifs, mais bien les explications données; et les principes qui ont été déduits, tant par ceux accusés, que par les autres membres de la Convention, qui ont pris la parole dans cette longue délibération. C'est une vérité attestée par le tableau de ces deux séances, que Lecointre lui-même retrace dans son imprimé; et c'est un second remerciement à lui faire, d'autant mieux, qu'ayant déjà placé la réponse à côté de l'imposture, notre tâche se trouve en partie remplie. Un trait de lumière sur chaque allégation, et Lecointre, pour la troisième fois, va se trouver confondu.

La première pièce qu'il présente est une lettre de Hérault-Séchelle à Carrier, dans laquelle notre dénonciateur assure qu'il est dit : « Je viens de recevoir ta lettre, et je l'ai lue au comité qui l'a entendue avec une vraie satisfaction :

nous te conjurons d'aller à Nantes sur-le-champ; nous t'envoyons un arrêté qui te presse de purger cette ville . . . . . ; il faut sans rémission évacuer . . . . ; la liberté ne compose pas ; nous pourrons être humains, quand nous serons vainqueurs . . . . ; les représentans frappent de grands coups en passant, et laissent peser, sauf à la suivre, la responsabilité sur ceux qui doivent l'exécution.

Cette lettre est du 29 septembre 1793 , et l'on ne rapporte que la copie tronquée d'une autre copie qu'on ne connoît pas ; puisqu'on dit que celle-ci a été envoyée à l'accusateur public du tribunal révolutionnaire. La première est tronquée , car elle est remplie de lacunes suppléées par des points , manière commode de changer à son gré le sens des phrases. C'est une copie d'une copie , et Hérault-Séchelles a pu faire des changemens dans l'original ; à moins qu'on ne suppose que cette seconde pièce ne soit l'original lui-même , resté chez celui qui l'a écrite. Alors la lettre n'étant pas partie , elle seroit nulle. Quoi qu'il en soit , sa datte la reporte à une époque où le comite de Salut public étoit complet , où il n'y avoit aucun de ses membres absens , et où je ne faisois que d'y entrer. Si dès-lors *il avoit des vues sanguinaires* , comme Lecointre l'annonce ; c'eût donc été un système

déja

déja établi, et non l'ouvrage d'un nouveau venu. Mais les termes de l'arrêté dont cette lettre fait mention ne sont sûrement pas tels qne Lecointre le suppose. Cet arrêté est celui qui contient les pouvoirs de Carrier, pour sa mission à Nantes.

Peut-être Lecointre m'objectera-t-il ce que quelques journaux ont publié, en annonçant que Carrier avoit dit au tribunal qu'il avoit reçu des ordres de ne faire aucun quartier aux brigands qui avoient passé la Loire. Mais aussi, il a ajouté, selon ces mêmes journaux, que Lalloué étant venu à Nantes, lui avoit dit qu'il avoit une mission de Robespierre. Il a en outre déclaré que les agens de ce Lalloué avoient passé leurs pouvoirs, et que c'étoit Lalloué lui-même qui étoit à la tête de ces expéditions. Or, dans toutes les hypothèses, ce seroit encore Robespierre qui auroit agi de sa propre autorité. D'ailleurs, je le répète ; les pouvoirs transmis à Carrier, comme à tous les autres représentans du peuple envoyés dans la Vendée et ailleurs, sont consignés dans les registres du comité ; et quand Carrier les eût brûlés ou égarés ; les originaux existent pour attester que ces pouvoirs sont conformes aux principes, et qu'ils ne contiennent rien qui puisse autoriser les aveux qu'il a faits au tribunal révolutionnaire, relativement à sa conduite à Nantes : aveux si contradictoires avec ses assertions devant la Convention nationale. Ainsi, que ce soit la lettre de Hérault-Séchelles, qui lui ait donné léveil d'une pareille déclaration, ou ce qu'a fait, à Nantes, ce Lalloué, agent de Robespierre ; la vérité du contraire n'en reste pas moins aussi entière que facile à constater dans les registres du comité de Salut public ; et peut-on croire que Lecointre n'ait pas déja été vérifier s'il n'y avoit rien là qui pût remplir son objet ?

Quant à cette lettre de Hérault-Séchelles ; c'est une correspondance d'individu à individu qui n'a rien d'officiel. Il ne dit pas qu'il l'ait communiquée au comité, comme celle de Carrier, dont elle est la réponse ; encore faudroit-il, pour inculper quelqu'un, que les membres, présens à cette lecture, fussent indiqués. En vérité, c'est être bien pauvre en preuves et en moyens, que d'avoir recours à de pareilles pièces ; et si les membres d'un comité pouvoient jamais devenir responsables de la correspondance privée de leurs collègues ; le meilleur conseil à donner à Lecointre, seroit, pour conserver sa tête, de bien se garder d'entrer dans aucun comité.

Notre dénonciateur termine sa lettre aux trois

comités de gouvernement, par un article additionnel, dont il forme un vingt-septième chef d'accusation, qui porte, qu'au mépris du décret de la formation du Comité de Salut public, article VI, les membres dénoncés, pour cacher leurs manœuvres, se sont dispensés de tenir des registres, contenant toutes les délibérations qui ont eu lieu, les arrêtés et les décisions, pris en conséquence, avec ordre de date, pour l'année, le jour où chaque séance a eu lieu. Enfin, dans une note, Lecointre ajoute : On saura pourquoi les meneurs du Comité de Salut public n'ont point tenus de registres, ou pourquoi les ayant tenus, ils les ont supprimés. Les crimes qui ont couvert la surface de la France, avoient nécessité les trois nouveaux comités réunis de prendre connoissance des assassinats juridiques commis par le tribunal institué à Orange. Ces grands coupables, pour s'épargner des détails, ont déclaré n'avoir point tenu de registres qui devoient contenir, et leurs arrêtés, et les motifs qui les avoient déterminés.

Réponse. Si l'on excepte les déclamations véhémentes répandues à profusion dans l'imprimé de Lecointre ; cet article additionnel est tout ce que son écrit présente de nouveau. Mais à le bien prendre, et en prêtant à notre accusateur une véracité qu'on ne lui trouve guères, ce seroit plutôt faire ici le procès au chef général des bureaux que celui d'un comité qui étoit chargé des opérations les plus multipliées, et qui pour ainsi dire, ayant des séances permanentes, en travaillant quinze et souvent dix-huit heures par jour, ne pouvoit s'occuper immédiatement d'un mécanisme de bureaucratie. Le reproche que nous adresse ici Lecointre fût-il fondé, seroit commun à tous ceux qui ont été membres du Comité de Salut public, depuis sa création ; car l'usage de remettre le soin d'enregistrer les arrêtés, comme toutes les autres pièces du comité, à un bureau, établi spécialement pour cet objet, sous la surveillance d'un membre, paroît avoir été constamment pratiqué. C'est ce qui te sera attesté, Lecointre, par tous ceux de nos collègues qui ont été du comité de Salut public, depuis son origine jusqu'à ce moment ; par Talien lui-même, qui sûrement ne te trompe pas, avec lequel j'ai été de ce comité pendant un mois ; et qui devient responsable, sans s'en douter, du nouveau chef d'accusation que tu diriges contre moi. La vérité est, qu'en entrant au comité de Salut public, j'y ai trouvé cette manière de tenir les registres établie : comme cela est justifié par ces registres mêmes. Je parle de ceux antérieurs à ma nomination.

Or, pour m'imputer à crime cet usage, il faudroit pouvoir faire regarder son adoption comme mon ouvrage particulier. Au surplus il y a dans cette accusation de Lecointre une première imposture; c'est qu'il est faux qu'il n'existe pas de registres contenant les arrêtés et discussions du comité, par ordre de date, et jour par jour; c'est que même, depuis la loi du 14 frimaire, au lieu d'un registre, il y en a eu deux pour l'inscription de chaque arrêté: registre tenu dans chacune des divisions de travail du comité, et registre central ou général où ces arrêtés sont de nouveau transcrits. Seconde imposture de Lecointre. Il affirme que que les trois nouveaux comités du gouvernement, ayant voulu connoître l'organisation du tribunal institué à Orange, ceux qu'il appelle *les grands coupables*, ont déclaré n'avoir point tenu de registres contenant leurs arrêtés. Mais, Lecointre, pour faire cette déclaration, il auroit fallu être interpellés, et nous ne l'avons jamais été; il auroit fallu comparoître devant ces trois comités réunis, et nous n'y sommes jamais allés; et c'est avec de pareils mensonges que tu nous poursuis et que nous cite devant ces mêmes comités! Ce n'est donc pas pour eux que tu as fait ton écrit, lorsqu'il leur fournit la conviction de ta mauvaise foi. Ne seroit-ce qu'un libelle ajouté à mille autres qui inondent le public depuis quatre mois, pour ne plus lui montrer d'ennemis de la patrie qu'au sein de la Convention nationale ; ou après avoir feuilleté vainement tous les registres du Comité, sans y découvrir des arrêtés qui pussent justifier tes calomnies, pour n'en pas avoir le démenti, as-tu voulu sortir de cet état de honte par une autre imputation mensongère, en niant l'existance des registres pour en tirer contre nous l'accusation d'avoir soustrait des arrêtés; ou enfin cette nouvelle dénonciation n'est-elle qu'un nouveau trait de folie ? Je te donne à choisir, Lecointre, entre ces différentes alternatives; mais c'est le cercle de Popilius, dont je te défie de sortir; car, si tu faisois un pas, les registres sont là pour te repousser.

Lecointre dit qu'après avoir annoncé sa dénonciation à la séance du 11 fructidor, il fut prévenu qu'au quart ou au milieu de son discours préparatoire, il seroit interrompu de manière à ne pouvoir jamais parvenir à lire les chefs d'articulation de faits, ce qui le détermina à supprimer le discours préliminaire.

Réponse. Cette allégation prouve combien sont peu fidelles les agens de Lecointre dans les récits qu'ils lui font ; car on se rappellera qu'à la séance du 12 fructidor, appellé à la tribune par le président, pour lire sa dénonciation, les vingt-six chefs d'accusation furent écoutés sans la plus légère interruption. S'il y a eu de l'agitation dans l'assemblée, ce n'est que quand on a insisté sur la lecture de ces prétendues pièces authentiques, annoncées sous ce titre imposant par Lecointre, qui même pour les faire croire en très-grand nombre, avoit dit en finissant, qu'il alloit les faire lire par un sécrétaire, *en les lui indiquant l'une après l'autre :* et dans ce moment il montroit un énorme rouleau de papiers. Quel misérable manège ! Car lorsqu'après bien des débats et bien des délais, Lecointre a été forcé le lendemain de faire connoître ces pièces *à lire l'une après l'autre*, il ne s'en est trouvé que deux. Leur indication n'étoit donc pas si difficile ? Et encore ces preuves, que tu assurois être authentiques, étoient consignées dans une déclaration de Fouquier-Tinville, faite depuis son arrestation, et dans une pièce anonyme. Quoi ! joindre l'intrigue à l'imposture ! Dis-nous, Lecointre, qui joue ici le plus beau rôle, ou des accusés, ou de l'accusateur ?

Quand Lecointre auroit pris à tâche de soulever le peuple français contre la révolution, n'auroit pas employé des couleurs plus lugubres et plus hideuses que celles qui nuancent la peinture révoltante qu'il en fait dans son discours préliminaire, depuis la page 7 jusqu'à la page 18 de son imprimé. Je ne souillerai surement pas ma réponse, en faisant ici l'analyse de ce tableau abominable, qui est le procès fait à la Convention, à toutes les autorités constituées, à tous les agens de la République à la révolution, au peuple lui-même ; tableau odieux, que notre accusateur termine par des expressions qui laissent présumer qu'il y a eu encore d'autres horreurs commises, en disant : *ce n'est même là qu'une foible esquisse de leurs crimes.*

Réponse. Es-ce bien toi, Lecointre, qui l'a tracée, cette esquisse ? On y peut trouver tes intentions, mais il y a une disparité de style qui te décèle, et quand cette horrible diatribe sortiroit de la plume de Royou, elle n'offriroit pas une fiction plus révoltante ? Le jour qu'on a attaqué et terrassé Robespierre, celui qui auroit pu se servir de pareils moyens, ne se fût-il pas montré aussi perfide que cet atroce conspirateur ? Si nous étions animés du même esprit que Lecointre, sans nous embarrasser des impostures qui surchargent cet affreux tableau, nous ne songerions même pas à donner un démenti formel à notre accusateur : croit-il qu'assaillis de libelles et de déclamations

tions depuis quatre mois, si nous n'avions considéré que nous, nous n'eussions pas répondu avec plus d'étendue à tant de provocations. Mais, nous en reposant sur notre conscience, nous avons constamment sacrifié à la crainte d'exaspérer davantage les passions; car, dès la première attaque, nous aurions pu répliquer d'une manière si attérante, en prouvant que les maux dont on se plaignoit n'avoient pas seulement et exclusivement été l'ouvrage des différens conspirateurs abattus; mais qu'ils avoient placé la république entière dans une position telle, que ceux qui nous adressoient des reproches avoient eux-mêmes participé à ce qui s'est fait, comme tout le monde. Sans doute il y a eu des mesures outrées, et des excès commis. Quelle est la révolution qui en a été exempte? et la France, couverte d'une multitude innombrable d'autorités et d'agens, pouvoit-elle manquer d'être meurtrie dans plusieurs points? Cependant ces maux ont-ils été, à beaucoup près, aussi grands que les trois conjurations qui se sont formées successivement l'auroient desiré? Combien de fois la faction d'Hébert a-t-elle fait dire à la barre de la Convention, *qu'il falloit mettre la terreur à l'ordre du jour?* Combien de fois est-elle venue demander les têtes des représentans du peuple par soixantaine ? Qui a arrêté cette impulsion provoquée chaque jour par des journaux qui ne parloient que de supplices, et qui étoient répandus à profusion dans Paris, dans les départemens, dans les armées, par des ministres complices de ces factions, et qui sont restés impunis ? Qu'on n'oublie donc pas que ce sont les dangers de la patrie qui autorisant les chefs de ces conjurations à réclamer à grands cris des mesures extrêmes, leur ont permis de monter l'opinion publique au plus haut degré d'exaspération. Mais est-ce toi, Lecointre, qui t'es jamais montré pour arrêter ce torrent ? Quelle résistance as-tu opposée à Danton, lorsque, tantôt exagéré et tantôt mixte, il a proposé, suivant les circonstances, ces décrets que tu appelles aujourd'hui loix de sang ? Si tu es tant ami d'une sage législation, comment as-tu laissé créer, sans mot dire, tous ces comités révolutionnaires, dont la multitude seule étoit une calamité ? Lis le rapport sur le gouvernement révolutionnaire, et vois combien l'opinion de l'ancien comité de salut public étoit contraire à ces autorités parasites et trop multipliées pour ne pas devenir froissantes ? Toi qui as l'ame si sensible, comment n'as-tu pas réclamé contre un de ces décrets arrachés à un mouvement d'effervescence ou d'indignation ; celui qui, par sa mauvaise rédaction, met vaguement hors de la loi les aristocrates et les ennemis de la chose publique : expressions avec lesquelles on pouvoit immoler à volonté les vrais patriotes, puisque Precy, à Lyon, les égorgeoit, en invoquant ce même decret. Songes-donc qu'en faisant comme toi, le relevé des journaux, mais en y mettant plus de bonne foi, il est facile de démontrer que nos malheurs ont été le résultat des évènemens et des circonstances qui sont devenues si impérieuses par le machiavélisme, et l'ascendant de ces trois factions, que soit à Paris, soit dans les départemens, tout fonctionnaire public, que dis-je? le peuple entier s'est laissé entraîner par elles. Demandes à Fréron, s'il n'étoit pas dirigé par les circonstances, et par la force de l'opinion publique, quand il annonçoit à Marseille, dans une proclamation du mois de septembre 1793, que la terreur étoit à l'ordre du jour, et qu'il alloit raser Toulon; quand il créoit une commission populaire, pouvant juger au nombre de trois membres, à la place d'un tribunal révolutionnaire, qui mal composé ou vendu, accordoit l'impunité aux ennemis du peuple. Demandes, à Talien, si ce n'est pas déterminé par les mêmes motifs, qu'il a cru devoir suspendre quelques temps l'établissement du gouvernement révolutionnaire, dans la crainte qu'en supprimant trop tôt, et l'armée révolutionnaire qu'il avoit formée, et la commission populaire qu'il avoit créée à Bordeaux, cela ne relevât l'audace des aristocrates et des malveillans. Tu vois donc, Lecointre, que partout cette impulsion à été la même. Mais si elle n'a pas eu toute l'étendue que les trois factions vouloient lui donner, n'est-ce par parce qu'au défaut d'une opposition ouverte, et alors superflue, on a du moins, par une force d'inertie, paralysé une partie de leurs machinations meurtrières; car peins-toi la République couverte d'armées révolutionnaires, ayant à leur suite un tribunal et une guillotine, ainsi qu'elles l'ont tant de fois exigé à grand cris; et dis-nous si ce n'eût pas été un moyen infaillible pour faire commettre encore plus d'horreurs que tu n'en a tracées dans ton abominable fiction ?

D'ailleurs, qui les a poursuivies, ces factions ? qui a provoqué leur juste châtiment ? reprends les journaux ; lis : et sois sincère une fois dans ta vie.

Est-ce pour adoucir les traits hideux de de ton effroyable esquisse, que tu lui as fait succéder le portrait d'un ami du peuple ? Mais en bien comme en mal, ce ne sont pas des peintures d'imagination qui peuvent suppléer la réalité, et sans elle, on ne fait pas prendre long-temps le change à l'opinion publique. Par exemple, les amis du peuple, selon toi, ne sont pas ceux qui parlent d'aristocratie et de conspirations. Eh! depuis quatre mois qui plus que Lecointre crie aux trahisons? Il est vrai qu'il n'en apperçoit plus que dans le sein de la Convention nationale; et que précédemment on alloit les prendre où elles se sont toujours fomentées, chez les partisans nés du royalisme par principes comme par intérêt, ennemis déclarés eux-mêmes de la représentation nationale qu'il leur faut anéantir, étant le centre de la révolution et la base principale de la démocratie. Au langage de Lecointre, il sembleroit qu'il ait aussi épousé une ci-devant noble ou la femme d'un émigré; mais comme je sais que ce n'est pas lui, je me borne à lui demander où sont ses yeux et ses oreilles, s'il est vrai qu'aujourd'hui il n'entend, ni ne voit d'aristocrates.

Je ne m'étonne donc plus qu'avec des sens si émoussés, il n'ait pas distingué la plus légère trace des opérations réelles de l'ancien comité de salut public; mais nous qui croyons servir le peuple, en atténuant les maux inséparables d'une grande révolution, par le parallèle du bien qui a été fait, et qui a empêché que ces maux ne fussent à leur comble ; nous qui pensons que rien ne peut être plus utile que de rappeller sans cesse à la nation que le dévouement du corps législatif a constamment répondu aux efforts et aux sacrifices du peuple ; que jamais aucune assemblée n'a rendu plus de loix bienfaisantes, ni opéré de plus grandes choses, lorsqu'elle avoit à lutter contre tant d'obstacles et tant d'entraves ; nous citerons tous ces décrets qui ont complétement rendu au peuple tous ses droits, et qui l'ont arraché à cet état d'oppression où le tenoient n'a guères des castes privilégiées, hautaines et tyranniques, qui ont totalement affranchi ses propriétés de toutes redevances féodales, et qui ont ordonné le partage des biens communaux. En un mot, nous tracerons rapidement ce qui s'est opéré dans l'espace d'une année pour le salut de la République.

Nous trouvons d'abord, Dunkerque déja bombardé, mais sauvé par une armée, portée en poste sous les murs de cette ville ; armée qui eût même fait prisonnier le duc d'Yorck sans la trahison d'Houchard, qui la commandoit. Bientôt après c'est le siège de Maubeuge levé, et l'ennemi épouvanté, repassant la Sambre en désordre, lorsqu'il eut perdu la bataille de Watigny. Vient ensuite Landau dégagé ; les lignes de Wissembourg reprises, et le Palatinat au pouvoir de nos armes. D'un autre côté, Lyon est soumis ; les contre-révolutionnaires de Marseille rentrent dans le devoir ; Bordeaux est contenu, et Toulon enlevé aux anglois et aux espagnols, par une combinaison d'attaque aussi hardie que le succès est étonnant. La Vendée forte encore de plus de cent mille rebelles, lors de leur premier passage de la Loire, et toujours croissante, toujours victorieuse, tant qu'elle n'a trouvé, à la tête de nos armées, que des généraux traîtres ou ineptes ; la Vendée est enfin à son tour poursuivie, et constamment battue, dispersée, réduite aux abois, dès que les états-majors de nos armées sont épurés, et que l'esprit de contre-révolution en est extirpé par un choix d'officiers patriotes. Ce n'est même qu'à compter de ce moment que la victoire a été irrévocablement fixée sous les drapeaux de la République. Dans le midi, Perpignan est menacé, et aussi-tôt mis à l'abri de toute atteinte. Colliourt, Port-Vendre, le fort Saint-Elme et Bellegarde, sont repris et le territoire espagnol envahi. Revenant aux frontières du Nord, Valanciennes, Landrecy, Lequenoi, Condé, ont été rendus à la République ; en un mot, on a complétement atteint ce grand but politique qui a été de donner à la France deux ports qui manquoient à la sureté de nos flottes ; l'un dans l'Océan ; l'autre dans la Méditéranée, qui sont le port d'Ostende et le port du Passage.

Pour arriver là ; il a fallu incorporer, habiller, armer une levée en masse, ce qui s'est exécuté rapidement. Douze armées ont été organisées, équipées et nourries ; lorsqu'il existoit une disette réelle. La marine, si long-temps négligée et tombée dans le plus honteux délabrement, est bientôt remontée, et se trouve en état de se mesurer avec l'orgueilleuse Angleterre, et de balancer ses forces. La France, quoique approvisionnée avec des peines incroyables, est pourtant arrachée aux horreurs d'une famine que la pénurie des bleds et l'effet de la guerre avec toute l'Europe, pouvoient faire craindre. La République n'avoit point encore d'alliés ; mais une correspondance forte et décisive avec les États-Unis de l'Amérique, les détermine à se déclarer ouvertement pour nous. Au milieu de tant de travaux, on s'occupe de recherches utiles, et l'on fait des découvertes précieuses. Ne seroit-ce que celles de la nouvelle fabrication de salpêtre et de poudre ; celle d'un aréostat qui a beaucoup contribué à la victoire remportée dans les plaines de Fleurus ; et celle du thélégraphe : moyen de correspondance si prompt et si avantageux dans une vaste république. Pendant

dant le même temps, des ateliers d'armes s'établissent; et douze cent mille hommes sont pourvus de la quantité prodigieuse qui leur manquoit.

Des institutions avantageuses sont formées; la Convention fixe ses regards sur l'instruction de la jeunesse, perdue de vue depuis la révolution; et l'essai d'une éducation républicaine est proposé par le Comité de Salut public, et approuvé par l'assemblée, qui appelle, pour y participer, plus de trois mille cinq cents jeunes gens de tous les points de la France. Plusieurs autres projets de loix nécessaires sont présentés à la Convention qui les a accueillis. Tel est le décret pour régler et faire payer aux familles des défenseurs de la patrie, les secours qui leur sont dus; et celui pour éteindre la mendicité. Enfin est venue l'idée de la loi du 14 frimaire, de ce gouvernement révolutionnaire, qui, terrassant le monstre de l'anarchie, a servi à briser toutes les factions, a restitué au gouvernement une exécution qu'il n'avoit jamais obtenue; et qui n'a manqué de produire son entier effet que parce qu'on s'est écarté des principes généraux qu'il avoit établis; qu'on a franchi dans beaucoup de points les bornes qu'il avoit posées.

Voila pourtant des faits dont le France est témoin, et que l'histoire même attestera en dépit des clameurs de Lecointre. Dira-t-il que

Robespierre y a eu sa part? Je lui répondrois que ce conspirateur n'étoit attaché à aucune partie des travaux du Comité de Salut public, d'où ces opérations sont sorties; je lui répondrai qu'il ne trouvera pas un seul de ces arrêtés utiles écrits de sa main, pas même sa signature, sur ceux relatifs à la guerre, son intention ayant été de nous en laisser toute la responsabilité, et n'ayant pas craint de nous dire, dans les derniers jours de son règne, qu'il nous attendoit à la première défaite; ce qui explique pourquoi Saint-Just s'est tenu aux armées, avec Lebas son complice, pendant les cinq ou six derniers mois qui ont précédés le 9 thermidor.

S'il est sorti quelque bien du Comité de Salut public, les atrocités qu'on lui attribue peuvent-elles être l'ouvrage des mêmes hommes? et si elles sont devenues leurs crimes personnels, comment ne s'est-il encore élevé aucune réclamation directe contr'eux? comment, dans une correspondance immense et avec les représentans en mission et avec toutes les administrations, en un mot, avec tous les agens de la république, ne s'est-il pas encore trouvé un seul arrêté, et même une seule lettre, qui puisse les accuser? comment enfin n'y a-t-il que d'infâmes libelles et de vagues déclamations qui les aient attaqués, décriés, dénoncés? Vainement vérifieroit-on l'indication des pièces que Lecointre dit s'être procurées après plusieurs mois de recherches; il n'y a rien dans tout cela qui ait le moindre rapport avec son hideuse péroraison, à moins qu'on ne l'applique aux forfaits du triumvirat, comme notre accusateur lui-même est forcé d'en convenir, lorsqu'il dit, page 13, que les meneurs du Comité de Salut public, voulant anéantir le Comité de Sureté générale, qu'il regardoit comme leur ouvrage, sa nomination ayant été faite sur la présentation d'une liste dressée par Robespierre, instituèrent un Comité de police générale, avec pouvoir d'incarcérer, traduire au tribunal révolutionnaire, élargir, faire condamner ou absoudre tels citoyens qu'il lui plaisoit. Mais cette usurpation de pouvoir est positivement un des crimes de Robespierre qui, lui ayant permis de marcher avec plus de célérité et d'audace à la dictature, a contribué davantage à le faire reconnoître pour conspirateur. Certes, s'il n'eût rien fait ou de personnel ou de contraire aux principes, il n'eût pas mérité l'échafaud. Mais, demande Lecointre aux membres du comité de sureté générale, à ceux mêmes que tu n'as pas voulu comprendre d'emblée dans ton accusation, s'il est quelqu'un de nous qui ait participé à cette institution. Demande à ceux de nos collègues du comité de salut public, que tu as également mis de côté pour un instant, avec quelle indignation fut rejetée la proposition qui nous fut faite par St-Just, quelque temps avant le 9 termidor, de ratifier, par un arrêté, toutes les opérations de ce bureau de police générale, et de nous en charger directement. Il est aisé de concevoir le but de la démarche tardive de ce conspirateur ; mais elle prouve même que notre participation n'est entrée pour rien dans l'organisation de ce bureau.

Nous feras-tu un reproche de ce qu'absorbés par les immenses occupations des divisions de travaux qui nous étoient personnellement attribuées, nous n'avons pas deviné ce qui se passoit dans un bureau particulier, et établi, suivant ce que nous assuroient les conspirateurs, uniquement pour surveiller les fonctionnaires publics, et connoître régulièrement la situation politique de la France. Aussi, cherches bien, Lecointre, dans les papiers de ce bureau, et tu y trouveras ces tableaux de situation qui étoient présentés chaque décade au comité, par l'ordre des trois conspirateurs, sans doute pour entretenir notre confiance, et prévenir tous les soupçons. Si donc c'est un crime de n'avoir pas été sorcier, j'avoue que je m'en suis rendu coupable. Rappelle-toi d'ailleurs quel ascendant avoit acquis à Robespierre son énorme popularité. C'étoit un attentat que d'osér lui résister; et si le comité de sureté générale qui, dis-tu, ouvrit les yeux à cet époque, n'éclata pas contre ce despote, c'est qu'il en faut convenir; ce n'étoit pas une attaque à risquer légèrement; et pour espérer quelque succès, une sage politique prescrivoit d'assurer ses coups avant de les lancer. Tu parles maintenant, Lecointre, d'une liste de proscription, d'abord de douze membres de la Convention, puis de dix-huit, et enfin de trente, faite par les *meneurs;* mais ces meneurs sont encore le triumvirat. J'ajouterai même à ce que tu dis que St-Just, environ deux mois avant le 10 thermidor, arriva inopinément de l'armée du Nord, exprès pour faire leur acte d'accusation. C'est une vérité qui te sera attestée non-seulement par les membres de l'ancien comité de salut public, mais aussi par plusieurs autres de nos collègues que j'en prévins dans le temps. Cependant Saint-Just s'en alla comme il étoit venu cinq ou six jours après; et lorsqu'à son retour il s'est occupé de nouveau à faire des actes d'accusation, ce n'a plus été que contre ceux que tu dénonces à son exemple. Eussions-nous donc reçu ce prix de notre conduite, sans notre opposition formelle aux projets sanguinaires et liberticides de ces conspirateurs? Il est vrai, Lecointre, que tu ne dois leur en tenir aucun compte ; car malgré l'énergie dont tu te vantes, je puis t'assurer que tu n'as jamais été du nombre de ceux que le triumvirat plaçoit sur sa liste de proscrits.

Tu conviens que la résistance irrita les meneurs, et que dans leur dépit, ils déclarèrent aux jacobins qu'on se contenteroit de la mort de cinq ou six scélérats qui déshonoroient la convention. Mais prends donc garde à ce que tu dis. Car tu prouves ici le contraire de ce que tu voudrois faire entendre, et rapelles-toi qu'un des chefs d'accusation porté par Saint-Just contre moi, est d'avoir cessé à cette époque de parler aux jacobins, et même de les fréquenter. Cependant j'étois à cette séance où Naulin, vice-président de l'ancien tribunal révolutionnaire, fit la proposition dont tu parles, et quand ce Naulin fut mis en état d'arrestation dès le jour suivant, je te laisse à prononcer quels furent les membres du comité de salut public qui provoquèrent la punition d'un homme qui avoit émis la même opinion que Couthon et Robespierre.

Pendant ce temps, poursuit Lecointre, un

chef non moins perfide, mais plus adroit, Billaud, conçut l'espoir d'exécuter le dessein qu'il tramoit depuis long-temps de se substituer à la place du tyran que tantôt il flattoit, tantôt il déprimoit.

Ici, ce n'est plus à toi que tu veux que je réponde : c'est à Saint-Just. Car je trouve à-peu-près mot pour mot dans son dernier discours ce que tu viens d'insérer dans ton écrit. Billaud, disoit pareillement Saint-Just, le jour où ce conspirateur et ses complices achevèrent de lever le masque, en se mettant en révolte ouverte contre la Convention; *Billaud traite Robespierre de Pysistrate, et il existe un plan d'usurper le pouvoir, en immolant une partie des membres du comité. Collot et Billaud sont les auteurs de cette trame.* Cependant, Lecointre, arranges-toi donc avec Saint-Just et ses complices; car si ceux-ci vouloient me sacrifier, comme un de leurs plus mortels ennemis, comme un homme qui, opposé à leurs projets de dictature, n'attendoit que l'occasion favorable pour les faire punir; s'ils avoient cru que pour mieux asseoir leur tyrannie, il falloit que mon corps leur servît de marche-pied, comment se fait-il que tu puisses aujourd'hui m'accuser comme leur complice, et vouloir me traîner au suplice pour les crimes qu'ils ont commis? Après la chûte de César,

Antoine peignit aussi aux yeux du peuple romain, les vengeurs de la liberté, comme des ennemis de la patrie. Ce n'est pas que je songe, ni à assimiler Lecointre à Antoine, à moins que ce ne soit sous le rapport d'une certaine analogie de politique fallacieuse et mensongère, ni à comparer ceux qu'il dénonce à Brutus, quand ces derniers ont trouvé dans la Convention nationale une énergie qui n'appartenoit plus au sénat de Rome. Mais cet exemple sert à prouver que ceux qui dans les révolutions sont devenus dans toutes les circonstances l'objet de la haine de toutes les factions, n'ont su exciter contre eux tant d'acharement et de fureur, qu'à cause de leur attachement inviolable aux principes.

Au surplus, Lecointre, quand tu me gratifies du titre d'homme adroit, c'est vraisemblablement un persiflage, puisque tu ajoutes que tantôt je flattois et tantôt je déprimois le tyran ; ce qui ne seroit qu'une mal-adresse auprès de quiconque à le sens commun. Mais quand tu parois avoir feuilleté tous les journaux, comment n'es-tu pas en état de citer quelques passages, un seul même, qui atteste que j'aie quelquefois flagorné Robespierre, quand tant de gens paroissoient trembler pour ses jours ? Est-ce moi qui ai proposé de lui donner une garde prétorienne, ou de lui faire un rempart de mon corps ? Est-ce

moi

moi qui, le 8 thermidor, voyant que la discussion se dirigeoit déja contre le dictateur, ai voulu forcer le président à lever la séance, sous prétexte de ramener la paix? qui le lendemain, dans le plus fort des débats, suis allé de rang en rang dans l'assemblée pour conseiller de passer à l'ordre du jour; qui, enfin, dans la séance suivante, ai déclaré n'avoir pris part aux débats du matin, ni pour ni contre? C'est avec de pareils faits qu'il te seroit facile de m'accabler, si tu avois à me les reprocher. Mais, vas, Lecointre, il t'est aussi impossible de prouver seulement que j'aie jamais été lié avec Robespierre, que de nier que toi-même après avoir eu l'intention d'abord de dénoncer les faits que je viens de citer, ton silence ultérieur est le résultat d'un accomodement.

Tu dis, Lecointre, que nous n'avons concouru à confondre et à abattre le tyran, que parce que nous avons été entraînés par l'impulsion générale de la Convention. Dumoins n'est-ce pas celle que tu nous as donnée, car malgré ton zèle et ton dévouement, tu as gardé le plus profond silence tant que l'orage a grondé. Et, néanmoins, tu nous assures que tu avois depuis long-tems, dans ta poche, l'acte d'accusation de Robespierre, tout rédigé. Conviens que tu te serois fait beaucoup plus d'honneur, toi qui as tant de courage, de monter à la tribune le 8 thermidor, pour accabler le dictateur au moment où il se mettoit à découvert, plutôt que d'avoir publié cet acte d'accusation près d'un mois après la chûte de Robespierre, plutôt que de te montrer comme tu l'as fait dans cette même séance, en te levant immédiatement après le discours du tyran, après la lecture d'un ouvrage destiné à allumer les torches de la guerre civile, et d'être le premier à en demander l'impression. Rappelles-toi qu'il n'y a que Couthon qui ait renchéri sur ta proposition, en demandant l'envoi de ce discours à toutes les communes de la république ; ce qui fut adopté. Mais ce décret fut rapporté sur-le-champ, parce que les conspirateurs s'étant placés eux-mêmes sur la brèche, le moment de les attaquer avec avantage étoit venu. C'est à l'instant où ils ont commencé à soulever le voile de l'illusion de leurs propres mains, que nous l'avons saisi pour le déchirer entiérement, et que la Convention nationale a pu se prononcer, sans craindre les erreurs d'un aveuglement jusqu'à ce jour presque général. Soyons de bonne-foi, Lecointre : crois-tu que si l'on n'eût pas attendu qu'il y eût un coup de temps à saisir, on eût pu se promettre d'attaquer le triumvirat avec avantage ? Oublies-tu quelle étoit l'énorme popularité de Robespierre ; qu'il étoit parvenu à se faire regarder comme l'être le plus essentiel de la république ; que, par suite de cette opinion, il avoit réussi à mettre au rang des ennemis de la liberté, ceux qui lui montroient quelque opposition ; qu'il n'y avoit plus de conspirateurs, selon lui, que les hommes qu'il n'aimoit pas ? Les puissances étrangères et les papiers anglois, l'entouroient, disoit-il, d'assassins ; et c'étoit aiguiser leurs poignards, que d'oser parler contre son opinion. Il falloit donc qu'il devînt lui-même aggresseur, pour faire connoître que c'étoit lui seul qui vouloit assassiner la liberté. L'attaquer avant, c'étoit se dévouer sans aucun fruit, et consolider sa puissance : attendre qu'il détruisît une partie de sa force d'opinion publique, en levant le masque, et s'élancer sur lui au même instant pour le combattre et pour le terrasser, c'étoit la conduite que traçoit la politique la plus sage, et qui seule pouvoit assurer le succès. Je veux bien croire même, que c'est-là ce qui a rendu Lecointre si prudent ; autrement il seroit bien plus coupable de n'avoir point fait usage de son acte d'accusation dans la séance décisive du 9 thermidor, malgré l'encouragement que devoit lui donner l'impulsion générale de la Convention, que ceux qui, de son propre aveu, ont au moins partagé cette commotion.

Cependant il insiste à soutenir que nous avons trahi notre devoir singulièrement dans la nuit du 9 au 10 thermidor. Mais est-ce en allant poursuivre Robespierre jusqu'au centre du foyer où il avoit attisé depuis six mois la contre-révolution ? Il est notoire que dans cette séance du 8 aux jacobins ; il y avoit tant d'étrangers dans la salle que les corridors même en étoient remplis. Il est constant que ce furent les débats de cette séance qui achevèrent d'ouvrir les yeux des bons citoyens ; on sait que ce fut alors que les Dumas et autres complices de Robespierre, levèrent enfin hautement l'étendard de la révolte. Eh ! où étois-tu Lecointre ; lorsque voulant préparer l'opinion publique pour la séance suivante de la Convention ; nous eumes à lutter jusqu'à près de minuit contre la fureur et les rugissemens de factieux qui crurent alors pouvoir se déclarer impunément, et qui nous eussent massacrés s'ils ne se fussent pas imaginé que leurs mesures étoient si bien prises, qu'elles ne pouvoient avorter. Etois-tu du nombre des républicains, dont la voix étouffée par le fracas ne put se faire entendre à travers les cris mille fois répetés : *à la guillotine, à la guillotine !* Non, tu conviens que tu écrivois paisiblement, au comité de Salut public, une lettre où tu ne lui traçois pas toute l'étendue du danger de la patrie que nous venions de voir, en mesurant sur les lieux mêmes la profondeur de l'abyme. Ton frère et toi, vous nous annonciez simplement que cette nuit là on vouloit égorger les membres des deux comités; et ces membres, pour qui tu prenois dans ce moment un intérêt si vif; tu les peins aujourd'hui comme des complices de celui qui devoit les faire massacrer! mais si d'après tes avis, ou insuffisans, ou perfides, nous eussions pris de fausses précautions, dont l'effet eût été de compromettre encore davantage la liberté; ta grande propention à dénoncer auroit bien pu te suggérer de nous accuser aussi de tant de malheurs, pour nous être uniquement occupé de notre conservation. Les coups qui frappent à faux retombent le plus souvent sur ceux qui les lancent. Dans une semblable position, le meilleur parti à adopter, consiste moins dans les actes que l'on fait, que dans la direction qu'on sait prendre; et quoi qu'en puisse dire notre accusateur, la patrie a encore été sauvée, au grand regret de ceux qui ont conjuré sa perte.

Tu me reproches, Lecointre, de m'être opposé, dans la séance du 8 thermidor, au rapport du décret relatif à l'arrestation des Représentans du Peuple. Je me rappelle bien qu'au moment où

Chabot et Bazire, frappés de la terreur qui poursuit le crime, essayèrent de calmer leur effroi, en faisant abroger cette loi; qu'à cette époque je demandai le rapport du rapport d'un décret qui dans le principe, n'a certainement pas été mon ouvrage. Il seroit possible que depuis, j'eusse soutenu la même opinion sans crime; et pour être conséquent. Car si, de ton propre aveu, Robespierre a voulu mutiler la Convention; encore une fois, j'appelle le témoignage de tous mes collègues des anciens comités de Salut public et de Sureté générale; j'appelle celui de beaucoup de membres de la Convention qui ont su, à cette époque, ce qui se passoit; j'appelle en un mot, l'évidence plus forte que tes mensonges, pour attester que j'étois du nombre de ceux qui se sont opposés avec autant de vigueur que de succès, à ce que le triumvirat commît ce nouvel attentat. Diras-tu, comme quelques hommes: que nous ne nous sommes disputés que sur le choix des victimes? Mais je te prierois de me nommer celles que j'ai, ou faites, ou désignées. Car je te le repette, Danton est le seul représentant du peuple, dont j'aie provoqué la punition; parce qu'il me paroissoit un conspirateur des plus dangereux. Ne fut-ce que pour avoir hautement manifesté l'intention de dissoudre la Convention nationale: intention qui n'étoit que la suite de sa conduite dans la Belgique, aussi criminelle que désastreuse pour la République, et dont on devine aisément les motifs, quand on se rappelle ses liaisons avec d'Orléans. Je conviens que c'est peut-être avoir commis un grand crime aux yeux de ceux qui parloient deja de lui ouvrir les portes du Panthéon. Mais plus la perte d'un ennemi de la patrie peut causer de regrets, plus on justifie que les hommes qui ont concouru à l'abatre , ont bien rempli leur devoir.

Au reste, j'ai eu beau parcourir le Moniteur, à la séance du 8 thermidor, je n'y ai rien trouvé qui soit relatif à la discussion que tu fixes à cette époque. J'ignore si c'est un oubli, mais ce que je puis assurer, c'est qu'il ne m'est jamais échappé de dire : *Eh ! quoi, j'entends des murmures, je crois.* Songes qu'on peut s'exprimer avec énergie, sans avoir un ton d'insolence, et quoique tu fasses, tu ne prouveras jamais que l'audace ait été mon partage.

Ici, je passe tes vingt-six chefs d'accusation ; non pas que je veuille me dispenser de les réfuter de nouveau, lorsque dans deux séances on t'a déjà prouvé que c'étoit une chose si facile ; mais comme cette discussion remplit la séance suivante ; j'y serai sur tes pas comme dans celle-ci, et je te montrerai que si tu as pu trois fois manquer à la parole d'honneur que tu avois donnée à Legendre : tu ne dois attendre d'autre prix d'uue pareille conduite, qu'un troisième décret ; pour punir le calomniateur ; quand toute-fois il sait rougir.

Seulement j'observe à Lecointre qu'après la lecture de ses vingt-six chefs d'accusation, j'ai aussi fortement insisté pendant tout le reste de cette séance, sur la lecture de ses prétendues pièces, qu'il s'est peu empressé lui-même de le faire ; pour laisser dire aux malveillans, que le jugement de la Convention n'avoit pu être solidement basé, n'ayant pas pris connoissance des preuves annoncées. Aussi, est-ce ce qui fut publié par-tout dès le soir. Soit que la conduite de Lecointre ait coincidé ou non avec cette intrigue ; elle n'en a pas moins existé.

Lecointre, tu me fais dans ton mémoire une longue apostrophe pour répondre aux faits articulés contre toi relativement a des marchandises que tu avois à Sêves. Comme lorsque tu vins au comité de Salut public pour cet objet, tu ne te montras pas si exigant qu'aujourdhui, en te contentant d'une simple lettre à l'agent national ; tu sais bien qu'il n'existe pas d'arrêté pour te convaincre. Mais que m'importe que tu sois ou que tu ne sois pas un accapareur

pareur ; pourvu qu'il reste démontré que la Convention a parfaitement prononcé, en te déclarant un calomniateur.

Lecointre cherche ensuite à se disculper des reproches qui lui furent faits à cette séance par plusieurs de nos collègues, d'embrasser dans sa dénonciation et les deux Comités, et la Convention, et toute la Nation. Mais que doivent-ils dire aujourd'hui que le mémoire de notre accusateur inculpe nominativement au moins quarante membres de plus ? Cependant il prétend n'avoir point attaqué trois des membres de l'ancien Comité de Salut public, Carnot, Prieur de la Côte-d'Or, et Lindet, parce que, dit-il, relégués dans leurs bureaux, ils étoient assez généralement écartés des discussions sur la matière de grande police, politique et gouvernement. Malheureusement pour Lecointre, cette allégation a été formellement démentie à la tribune de la Convention par Carnot et Prieur ; et plus malheureusement encore pour son système, c'est que les meilleurs opérations de l'ancien Comité de Salut public sont précisément celles de ce genre.

Lecointre dit que Maignan a déclaré que lorsqu'on se présentoit au Comité pour donner des renseignemens sur la Vendée, on étoit traité de protecteur des brigands. Mais Lecointre n'ajoute pas que Maignan a dit aussi que ces propos étoient ceux de Robespierre; il n'ajoute pas que le Comité, dans l'embarras où le jetoit les rapports opposés qui lui venoient sur la Vendée, s'est déterminé à y envoyer un de ses membres, Prieur de la Côte-d'Or, pour constater la vérité sur les lieux mêmes, et que c'est depuis ce moment qu'à des défaites successives et réitérées ont succédé des triomphes constans.

Tu prétends, Lecointre, que les trois membres que tu n'accuses pour cette fois que de foiblesse, d'insouciance et d'incurie, ne pouvoient rien contre le parti pris et concerté entre les six meneurs, ce qui t'avoit même suggéré l'idée, six mois avant la chûte du tyran, de dresser contr'eux un acte d'accusation intitulé : *le décemvirat, organisé et présidé par Robespierre.* Et cependant tu as dit, trois ou quatre lignes plus haut, que si en public ils paroissoient réunis, ils étoient entr'eux divisés en deux factions très-distinctes, ayant chacune leur chef, Robespierre d'un côté, Billaud de l'autre, tous deux s'épiant, et chacun n'attendant que l'instant d'égorger son rival.

Il faut en convenir, il seroit difficile d'entasser plus de contradictions et d'absurdités que Lecointre n'en a réuni dans cet article. C'est une coalition d'un genre tout nouveau, que des hommes paroissant réunis dans le public, et tellement divisés dans l'intérieur qu'ils ne s'occupent qu'à trouver l'instant de s'égorger l'un l'autre. Il est possible que des conjurés portent au fond de leur ame l'intention de s'abattre à l'envi; mais n'est-ce-pas par l'accord qu'ils mettent entre eux dans leurs relations, qu'ils s'appliquent à se cacher mutuellement un tel projet? mais cette tournure étoit nécessaire à Lecointre pour atténuer l'effet de ces scènes orageuses qui ont eu lieu au Comité de salut public et dénoncées par St-Just dans son dernier discours comme un crime : *en se plaignant des mauvais traitemens que Robespierre avoit reçus.* Ainsi voila encore une fois Lecointre à l'unisson de ces conspirateurs, ou plutôt il va beaucoup plus loin qu'eux ; puisque le neuf thermidor ils se restraignoient dabord à ne plus demander que deux têtes et que notre dénonciateur avoue que six mois avant, il avoit déja médité une proscription plus étendue.

La séance du treize fructidor s'ouvre, et ce n'est pas Lecointre qui s'empresse de venir présenter les piéces qu'il avoit annoncées la veille. Au contraire, de longs débats ont lieu pour en obtenir la lecture, et Lecointre pour s'en dispenser invoque le décret qui avoit passé à l'ordre du jour. Comment se fait-il qu'il respecte moins celui qui a déclaré son accusation fausse et colomnieuse, après des développemens aprofondis sur chaque article et une délibération qui a duré plus de huit heures. C'est le cas de dire avec Thuriot, c'est que Lecointre est en état de délire.

Notre accusateur, après être allé chercher ses prétendues pièces, qu'il dit avoir laissées chez lui, lit enfin le premier article conçu en ces termes : d'avoir comprimé par la terreur tous les citoyens de la République, en faisant mettre à exécution des ordres arbitraires d'emprisonnement, sans qu'il y ait, contre un grand nombre d'entre eux, aucune dénonciation, aucun motif de suspicion, aucune preuve de délits énoncés dans la loi du 17 septembre 1793.

Réponse. J'observerai seulement sur ce premier article que Lecointre, interpellé par plusieurs de nos collègues, et pressé de présenter les pièces, avoua qu'il n'en avoit point.

J'ajouterai que lui ayant été observé que cet article, en le supposant fondé, seroit commun avec tous les autres membres des deux anciens comités : la réponse de Lecointre fut de demander *de l'indulgence pour ses erreurs*, *parce qu'en effet le chef d'accusation portoit sur tous les membres des deux anciens comités.* Cependant on vient de l'entendre dire qu'il ne vouloit pas les accuser tous; oui, pas tout de suite, dans la crainte de faire ouvrir les yeux à la Convention; mais ta mauvaise foi même te trahit.

Second article. D'avoir étendu ce systême d'oppression et de terreur jusques sur les membres de la Convention nationale, en souffrant et appuyant, par un silence affecté, le bruit que le comité de Salut public avoit une liste de trente membres de la Convention, pour être incarcérés, et ensuite victimés.

Réponse. Tu dis, Lecointre, qu'Élie Lacoste a déclaré que cette liste existoit; mais par qui a-t-il dit qu'elle avoit été faite? par Robespierre et ses complices; et c'est ce que tu as grand soin de taire. Au défaut des pièces qui te manquoient ce jour-là, tu rapportes maintenant ce qui s'est passé au sujet du représentant du peuple Tallien, dans la séance du 24 prairéal. Mais la preuve que j'ai eu raison de dire qu'il en imposoit à la Convention, non pas relativement à l'espionnage organisé par Robespierre contre les membres de la Convention, mais relativement aux individus accusés d'avoir participé à cet espionnage; cette preuve je la tire d'un imprimé distribué par Tallien, au sujet de cette séance : écrit dans lequel il reconnoît que j'avois raison dans le fait et non dans l'intention. Or rétablir la vérité d'un fait, est-ce là un acte de compression ? j'ajouterai que l'espionnage organisé par le triumvirat n'a été connu au Comité de Salut public, que depuis cette séance du 24 prairéal ; et peu de temps avant le 9 thermidor. Il nous fut annoncé alors par le Comité de Sureté générale qui venoit de faire arrêter un de ses agens. C'est une vérité qui te sera attestée par tous les membres anciens de ce Comité. Cependant tu pars de-là, Lecointre, pour prétendre que j'étois d'accord avec Robespierre pour perdre Tallien ; mais j'en tire une conclusion tout-à-fait contraire ; lorsque le projet avoué hautement par le triumvirat n'a pu avoir son exécution ; et que pour arriver aux membres dont tu parles, il s'est déterminé à commencer comme toi, par deux de ceux que tu dénonces.

Art. III. De n'avoir jamais proposé le remplacement des membres qui manquoient dans le Comité de Salut public ; et de s'être perpétué exclusivement dans l'exercice de leurs fonctions, par la compression où ils tenoient la Convention. Barère, rapporteur, ne manquoit jamais après l'annonce de quelques victoires ou succès, de proposer impérativement la continuation des pouvoirs du Comité.

Réponse. Ne sembleroit-il pas que Lecointre prenne un foible intérêt à nos victoires ; lorsqu'il est constant que nous nous sommes toujours empressés de les annoncer sur-le-champ à l'Assemblée, et qu'il nous fait un crime de n'en avoir pas quelquefois retardé la nouvelle.

Mais Lecointre me fait sur cet article un reproche d'autant plus perfide, qu'il applique à la Convention une de ces expressions qui échappent souvent quand on improvise : le mot conspirateur, dont il dit que je me suis servi dans la discussion relative au remplacement d'Hérault-Séchelles. Je félicite Lecointre s'il a toujours le mot propre à sa disposition. Quoi qu'il en soit, sans même désavouer cette expression, je pourrois en prouver la justesse, lòrsque Robespierre avoit Lebas son complice qu'il auroit pu tirer du comité de Sureté générale pour le renforcer au comité de Salut public ; lorsqu'il avoit son frère qu'il pouvoit y faire nommer ; et je ne pense pas que tu puisses refuser le titre de conspirateurs à ces deux hommes qui se sont hautement déclarés les complices du tyran dans la journée du 9 thermidor. Il ne reste donc de ton observation que la malignité que tu y as mise.

Mais, poursuit Lecointre, si vous aviez la majorité, vous ne pouviez présenter qu'un patriote. Mais si, sans nous en prévenir, suivant sa coutume, Robespierre, nous devançant, eût proposé les deux que je viens de nommer, son frère et Lebas; ce n'eût surement pas été toi qui t'y serois opposé, Lecointre; puisque tu n'as point réclamé contre la liste pour la formation du comité de sureté générale dont tu te plains si fort aujourd'hui, et que même dans cet acte d'accusation que tu dis avoir rédigé six mois avant le 9 thermidor, contre ce que tu intitules *le décemvirat*, tu avois positivement oublié ces deux véritables complices du tyran.

Mais, continue encore Lecointre, vous connoissiez des conspirateurs dans votre comité, et vous ne les dénonciez pas; et vous avez fait arrêter Bazire, Chabot, Delaunay, et autres! Pourquoi, Lecointre, à la place de ce dernier mot, n'as-tu pas mis, Danton? Seroit-ce positivement celui-là que tu aurois effacé de ta mémoire? Tu me permettras de n'en rien croire. Tu demandes pourquoi ces derniers ont été dénoncés sur-le-champ? Parce qu'avec des conspirateurs ordinaires, ce sont des coups prompts et soudains qui les arrêtent et qui les terrassent; au lieu que quand un homme, dans une république, a réussi, à force de machiavélisme et d'hypocrisie, à se former une puissance dictatoriale; écrasé alors sous le poids

de

de sa popularité, il ne reste plus souvent que l'alternative d'un poignard ou de l'esclavage. Et toi-même, Lecointre, avec ton acte d'accusation tout dressé depuis six mois, comment es-tu resté immobile sur ton banc, lorsque tu nous assures que ton courage est à toute épreuve ? Mais parlons franchement, et convenons qu'attaquer Robespierre plutôt, c'eût été, aux yeux de l'opinion égarée, attaquer la patrie ; c'eût été rendre le tyran, astucieux, plus intéressant, et servir ses projets ; car qui aura bien suivi la marche de Robespierre, a dû voir que c'étoit-là son principal but. La loi relative à l'être-suprême et à l'immortalité de l'ame n'avoit pas d'autre objet. Toutes ses déclamations postérieures aux jacobins n'étoient que des provocations pour décider un éclat précoce contre lui, et il prévoyoit bien qu'en devenant formellement aggresseur, il rendoit la chance incertaine.

Tu ajoutes enfin qu'il ne falloit pas permettre la formation d'un bureau de police générale sans un décret. Je te réponds que ce bureau, ne devant être et n'ayant été dans le principe que le travail relatif à la haute police déléguée au Comité de Salut public, un décret n'a pas été nécessaire pout organiser ce bureau. Si depuis, Robespierre, marchant à la dictature par la compression et la terreur, avec l'intention peut-être de trouver moins de résistance au dénouement, par une clémence momentanée, et en rejetaut tout l'odieux de ses excès sur ceux qu'il auroit immolés, a dénaturé l'attribution de ce bureau, c'est une de ces usurpations de pouvoirs qui ont servi et à réaliser ses crimes et à l'en convaincre; car sans doute on n'a pu le faire punir comme tyran, qu'en lui reprochant les attentats qu'il avoit personnellement commis.

Art. IV. D'avoir, de concert avec Robespierre, anéanti la liberté des opinions dans le sein même de la Convention nationale, en ne permettant la discussion d'aucune des lois présentées par le Comité de Salut public.

Réponse. Lecointre, tu aurois pu te dispenser de rapporter les excuses que tu as été obligé de faire à l'assemblée, lorsque tu l'as indignée en lui rappelant, pour justifier cet article, la tyrannie de Robespierre. A plus forte raison, n'aurois-tu pas dû retracer ce qui s'est passé dans la délibération sur la loi du 22 prairéal; car tous ces détails n'attestent que les seuls crimes du tyran, et ce n'est pas où tu en veux venir. Mais pour te prouver que ton accusation est fausse et calomnieuse, je te citerai la loi du 14 frimaire, sur le gouvernement révolutionnaire, qui a été discutée pendant plusieurs séances. Pour mentir impunément, il faut avoir un peu plus de mémoire.

Art. V. D'avoir provoqué le rapport de toutes les lois favorables à la liberté, et repressives des actes arbitraires qui s'exerçoient au nom de ces comités, avec autant d'injustice que d'inhumanité !

Réponse. Déja la Convention a repoussé la pièce que tu as produite à l'appui de cet article ; le rapport du décret du vingt-septième jour du premier mois ; et Bourdon de l'Oise t'a dit, à ce sujet, qu'il paroissoit évident que ton systême étoit d'avilir la Convention nationale aux yeux de l'Europe. En effet, pour tout homme de bonne foi, il sera difficile d'y voir autre chose ; quand sur-tout tu places dans ton mémoire le recit de tout ce qui s'est passé dans la séance de ce vingt-septième jour du premier mois, pour le faire contraster avec ce qui a été décrété dans la séance du 18 thermidor, et quand en dernière analyse, il n'est aucun de ceux que Lecointre inculpe, qui aient pris la parole dans la première de ces deux séances. Aussi un de nos collègues indigné lui a-t-il demandé, à l'occasion de cet article, combien il avoit vendu la Cenvention ?

Art. VI. De s'être entourés d'une foule d'agens ; les uns perdus de réputation, et les autres couverts de crimes ; de leur avoir donné des pouvoirs en blanc ; de n'avoir réprimé aucunes de leurs vexations, et de les avoir au contraire soutenus,

Réponse. Cet article, fût-il admissible, et qui a été rejeté par la Convention, après une discussion étendue, ne porte d'ailleurs que sur le comité de Sureté générale, et ne prouve que la perfidie d'avoir amalgamé des accusations particulières, pour les faire planer indistinctement sur la tête de victimes choisies avec une égale injustice.

Art. VII. D'avoir rejeté et laissé sans réponse un nombre infini de plaintes et mémoires qui leur avoient été adressés contre leurs agens oppresseurs ; d'avoir pris leur défense, notamment celle de Héron, Senaud et autres ; d'avoir, à la tribune même de la Convention, fait leur éloge ; fait rapporter des décrets justement lancés contre eux, et d'avoir livré par-là, à la vengeance de ces montres, les citoyens qui avoient eu le courage de les menacer.

Réponse. Lecointre, sur cet article, avoit d'abord annoncé une multitude de pièces ; et aujourd'hui il se borne à dire qu'il le prouve par les pièces citées à l'appui de l'article précédent. Ces pièces sont une dénonciation contre Nouthon, agent de Héron ; le décret qui le met en état d'arrestation ; une autre dénonciation contre Héron, et le décret d'arrestation lancé contre lui ; le rapport de ce décret demandé par Couthon ; et un second décret du 15 thermidor, provoqué par Bourdon de l'Oise ; décret qui ordonne de nouveau que Héron sera décrété. Mais, comme l'a observé Bourdon lui-même, cette accusation ne porte que sur Couthon, qui a fait rapporter le premier décret ; et Lecointre est encore à fournir cette multitude de pièces, pour justifier les autres imputations contenues dans le même article.

Art. VIII. D'avoir couvert la France de prisons, de mille bastilles, d'avoir rempli de deuil la République entière, par l'incarcération injuste, et même sans motifs, de plus de cent mille citoyens, les uns infirmes, les autres octogénaires, d'autres enfin pères de famille, et même des défenseurs de la patrie.

Réponse. Ces défenseurs de la patrie, est-ce Custine ? est-ce Houchard ? en un mot sont-ce tous les traîtres qui infectoient les états-majors de nos armées, dont les trahisons ont coûté la vie à tant de braves républicains, et qui n'ont permis de vaincre aux soldats de la liberté que depuis qu'ils ne les commandent plus ? Du moins tu ne rapportes pas une seule pièce, Lecointre, qui prouve même quels sont ces défenseurs de la patrie dont tu parles. Au reste, Goupilleau t'a déja reproché, sur cet article, une différence dans les deux calculs que tu as présentés aux deux séances de cinquante mille à cent mille ; ce qui démontre, comme l'a dit notre collègue, combien tu es peu sûr de tes faits. Notre collègue Ferand a ajouté que tu faisois le procès à la révolution. Et aujourd'hui, pour confirmer cette vérité, tu assures, dans ton écrit, que la bastille ne contenoit au plus que trois cents prisonniers ; tandis qu'à Paris, le 3 fructidor, il en existoit, dis-tu, six mille six. Lecointre, si je voulois, comme toi, m'ériger en accusateur, je n'aurois à t'opposer que ton propre mémoire.

Art. IX. D'avoir induit en erreur leurs collègues, en répandant le bruit, depuis que la loi cruelle du 22 prairéal a été rendue, que cette loi avoit été l'ouvrage du seul Robespierre, qui ne l'avoit communiquée qu'à Couthon, tandis qu'ils avoient été avertis, même avant qu'elle passât, par des membres du tribunal révolutionnaires, des inconvéniens graves qui en résulteroient.

Réponse. D'abord ces membres du tribunal se réduisent à Fouquier-Tinville : ensuite que dit-il dans son mémoire ? qu'informé par Dumas que les interrogatoires et déclarations, et les défenseurs des accusés devoient être abrogés par une nouvelle loi, il s'étoit présenté au comité de salut public, où, en ayant parlé à Collot, Barère, Carnot et Billaud; *ceux-ci lui répondirent formellement que cet objet regardoit Robespierre*. Ainsi le mémoire même de Fouquier-Tinville atteste que les membres de l'ancien comité de salut public, qu'il attaque directement, comme ceux qu'il feint de mettre de côté, étoient unanimes pour ne prendre aucune part à ce que faisoit particulièrement Robespierre. Nous avons vu ci-dessus qu'un autre article du même mémoire dit que Fouquier-Tinville, s'étant élevé avec force dans le comité de salut public, contre la réduction des jurés, Robespierre, lors présent, lui ferma la bouche, en lui objectant qu'il n'y avoit que les aristocrates qui pussent parler ainsi; et *que Prieur, Barère, Collot et Billaud présens aussi à ce débat, ont tous gardé le silence.* D'où il résulte que, dès ce moment, toute cette portion du comité étoit constante dans la résolution de ne point participer aux projets nationicides du tyran. Cette pièce qui, dans tous les cas, ne pourroit nout être opposée, et que la Convention a déja rejetée; cette pièce, que dit-elle? Positivement le contraire de ce que Lecointre doit prouver; car il n'étoit pas suffisant qu'on nous eût prévenu que Robespierre méditoit, avec son complice Dumas un projet de loi sur une nouvelle organisation du tribunal révolutionnaire ; nous ne pouvions en avoir uue connoissance positive et prendre une délibération, qu'autant que Robespierre lui-même nous eût lu et son rapport et son projet de décret, comme cela s'est toujours pratiqué pour tous les objets importans. Mais bien loin delà, il est constant qu'il est allé de suite à l'assemblée sans nous avoir communiqué son travail, et que l'explication orageuse qui eût lieu le lendemain au Comité, fut particulièrement appuyée du reproche qu'on lui fit d'avoir présenté, au nom de ses collègues, un projet de loi qu'il n'avoit pas préalablement soumis à leur discussion.

Tu cites, Lecointre, à l'appui de ton allégation, l'instruction de la commission établie à Orange par arrêté du Comité de Salut, du 21 floréal, en argumentant de son analogie avec la loi du 22 prairéal ; ce qui n'est pas étonnant, comme je te l'ai déja observé dans la séance du 13 fructidor, ces deux pièces étant l'ouvrage des mêmes hommes, et cet arrêté prouvant, par son objet même, qu'il est sorti du bureau de police générale.

Maintenant tu fais un crime au comité de ce que cette commission n'a pas été autorisée par

un

un décret; et ce reproche, fût-il fondé, retomberoit encore sur le triumvirat; car, quoique Carnot paroisse être celui qui le premier a apposé sa signature sur l'arrêté, je pense que tu n'iras pas jusqu'à dire qu'il est son ouvrage; car on sait que dans un Comité où l'on a quelquefois jusqu'à deux cents signatures à donner par jour, on ne peut répondre que de son travail personnel; parce que, dans l'impossibilité de lire les autres pièces, on est forcé de les signer de confiance. Au reste, rappelle-toi que la Convention nationale n'a pas pensé comme toi, que l'arrêté qui crée la commission d'Orange fut un crime; et je t'invite, Lecointre, à ne pas persister. Car ce seroit vouloir étendre cette inculpation, ainsi que je te l'ai déjà dit, jusqu'à Fréron et Talien, qui ont cru nécessaire au salut public, de former des commissions populaires à Marseille et à Bordeaux bien antérieuremens à celle d'Orange; et avec des dispositions bien plus sévères encore. Or, il n'entre sûrement pas dans tes intentions de compromettre ces deux représentans.

Art. X. De s'être opposé lors de la présentation de la loi du 22 prairéal, à l'impression, et à l'ajournement qui avoient été demandés; les uns de l'avoir soutenu fortement; les autres d'avoir fait croire par leur présence qu'elle étoit l'ouvrage et le fruit des réflexions méditées entre les deux Comités, au nom desquels elle fut présentée. Ce qui prouve encore plus clairement que la loi du 22 prairéal, est l'ouvrage du Comité entier; c'est un arrêté de ce Comité en date du 29 floréal, mis à exécution dans un département, renfermant textuellement les dispositions décrétées par la loi sanguinaire du 22 prairéal.

Réponse. Quoique cet article ne soit à-peu-près que la répétition du précédent; néanmoins il offre cette addition de plus, qu'il accuse formellement tous les membres des deux anciens Comités de Salut public et de Sureté générale. Il semble même qu'aujourd'hui Lecointre veuille qu'il enveloppe la Convention nationale en entier et le peuple, par le supplément qu'il vient d'y ajouter; en rendant compte mot à mot de ce qui s'est passé dans les deux séances des 22 et 23 prairéal; séances où le tyran ne se montra jamais plus absolu, et où par la manière astucieuse et perfide dont Couthon et lui présentèrent la discussion sur la loi d'organisation du tribunal révolutionnaire, ils eurent l'art de placer chaque membre de l'assemblée dans la position la plus difficile, peignant aux yeux du peuple égaré la plus légère opposition, comme l'intention criminelle de soutenir et de sauver les ennemis de la patrie. Lecointre n'a même pas oublié de marquer avec soin les vifs et nombreux applaudissemens prodigués par l'erreur à ces deux conspirateurs. Et tout cela pour reprocher à ceux qui ont eu la sagesse de se taire ; de n'avoir pas permis au triumvirat de mieux profiter encore de la malheureuse disposition des esprits ; si à cette époque on eût eu l'imprudence de faire un éclat, comme Lecointre en est convenu lui-même, en s'expliquant sur cet article, lorsqu'il a dit : je sais que nous étions dans un état de compression, et que vingt de mes collègues m'ont observé que le moment de parler n'étoit pas opportun.

A la vérité, Lecointre reproduit ici le reproche qu'il m'a fait plus haut, d'avoir déclaré à l'assemblée, le lendemain 23 prairéal, que Talien n'avoit pas été véridique sur un fait étranger à la discussion relative à la loi du 22 ; d'où il n'y a que notre accusateur qui puisse conclure que j'ai par là fait présumer à la Convention nationale que ce projet de décret étoit le fruit des réflexions méditées des deux comités, suivant les expressions de Lecointre. Mais dans l'affreuse situation où l'on se trouvoit dans ce moment, et après l'orage qui venoit d'éclater au comité, au sujet de cette même loi, je ne voulois pas que Robespierre pût m'accuser d'être autre dans l'assemblée que je m'étois montré dans le comité ; car c'étoit là où il m'attendoit, et où Lecointre m'attendoit aussi, comme il l'avoue lui-même, page 79. Ce passage n'est pas ce qu'il y a de moins curieux dans son imprimé.

A la séance du 8, dit-il, Rovère m'invita de monter à la tribune aussitôt après le discours de Robespierre, d'y prononcer celui que nous avions concerté avec huit autres de nos collègues, et les chefs d'accusation qui en étoient la suite. J'observai à Rovère que le discours de Robespierre, qui inculpoit une partie des membres des deux comités, établissoit nécessairement un conflit, une lutte entre ces deux puissances également oppressives de la convention ; que leur choc rendroit à la convention sa liberté, sa dignité et ses droits, quel que fût le parti qui triomphât ; *que même tous deux pouvoient être écrasés en même temps ;* que quoique mon discours fût dirigé en apparence contre le nom du seul Robespierre, les moins clairvoyans sentiroient qu'il attaquoit la majorité des deux comités ; et tu ajoutes à l'alinéa suivant : le 9 au matin, lorsque la lutte s'engagea, je crus un instant qu'elle alloit opérer le but que je m'étois proposé la veille, l'*anéantissement des deux partis*, par les grandes vérités qui seroient sorties de leurs bouches impures ; par les reproches mutuels qu'ils se seroient faits, et dont personne qu'eux n'avoit plus complétement les preuves : aussi, j'étois d'avis ce jour-là que la convention accordât pendant une demi-heure la parole à Robespierre ; je manifestois cette opinion assez hautement ; elle étoit conforme aux décrets qui veulent que tout accusé soit entendu.

Ainsi, tu ne te contentes pas ici d'avouer que tu as desiré réaliser, au sein de la convention nationale, la fable des soldats de Cadmus, tu lui fais son procès pour avoir trompé tes espérances. Il est donc bien vrai que ton intention a été de voir tes collègues être renversés les uns par les autres. Tu ne diras pas que c'est moi qui me suis opposé à ce que Robespierre fût entendu : ce seroit avoir trop bien servi l'adresse que tu as de tirer parti de tout pour en faire des chefs d'accusation. Cependant, si la lutte pour laquelle tu votois se fût engagée, ce n'eût pas été seulement avec ceux que tu dénonces aujourd'hui ; mais avec toute la convention nationale, prononcée dans ce moment contre le tyran ; excepté toi, Lecointre, qui as gardé le silence, et qui conviens que tu n'aurois pris la parole que pour la lui faire obtenir. Il suffit pour bien apprécier cet aveu, de lire ce qui s'est passé dans la séance du 8 aux jacobins, et alors il est impossible de ne pas frémir d'horreur à la lecture de ce passage de l'écrit de Lecointre. Mais lui s'en inquiète fort peu, lorsqu'en tout événement par sa prudence, il seroit resté maître du champ de bataille; ainsi qu'aujourd'hui même c'est encore son but, quand il présente une accusation qui frappe personnellement, et tous les représentans qui sont allés en mission, et tous ceux qu'il inculpe nominativement. Lecointre dans ce passage nous dit, sans s'en douter, le secret de la contre-révolution; toujours attachée, à poursuivre, à dévorer la convention nationale, et il se montre à-la-fois l'organe et l'instrument de cet affreux projet.

Notre dénonciateur ajoute encore : sur les observations de plusieurs de nos collègues, je cédai; bien résolu d'attaquer Billaud et ses complices au premier jour, et je l'aurois fait dans la décade même, si l'on ne m'eût invité à retarder. Non, Lecointre, tu ne l'aurois pas tenté si promptement; car immédiatement après la séance du 9 thermidor, et notre conduite dans cette journée; après ce qui s'étoit passé la veille aux jacobins, et la lutte terrible que nous avions soutenue contre la horde des conspirateurs; ton accusation n'eût pu tourner que contre toi-même en la risquant aussi-tôt ; quand sur-tout depuis le commencement de la révolution, nous nous étions comporté de manière à ne mériter aucun reproche ; à n'exciter aucune réclamation. Il falloit donc attendre que d'infâme libelles, nous couvrant chaque jour de calomnies, et avariant ainsi l'opinion publique, devançassent ton absurde dénonciation, et pussent t'autoriser à la présenter sans craindre d'être repoussé dès la première imposture.

Mais, poursuis-tu, lorsque j'ai vu que l'ancienne tyrannie vouloit se rétablir ; que si la convention avoit repris ses droits, malgré l'opposition bien marquée de Billaud, on ne vouloit pas moins continuer de vexer le peuple. Imposteur ! rappelles-toi donc que tu as dit plus haut, que depuis le 9 thermidor j'avois gardé le silence ; car ayant été averti que tu voulois me peindre comme un dominateur, si j'eusse continué de parler quelquefois dans la on ven tion ; j'ai cru sage de me taire, et toujours perfide, tu es parti de là pour dire que j'étois resté confondu. Mais tu continues et tu ajoutes : Quand j'ai vu qu'on vouloit des listes contenant les noms des détenus sortis, et de ceux des représentans qui auroient contribué à la liberté de quelques citoyens ; qu'une violente discussion a été prolongée deux jours sur une matière qui ne demandoit que la simple proposition. Je t'arrête encore ici, pour prouver ta mauvaise foi. Car, lorsque tu m'accuses personnellement des proportions faites à cet égard, tu aurois dû au moins prouver que c'est moi qui ai demandé ces listes et provoqué cette discussion, à laquelle je ne crois même pas avoir assisté ; étant alors au comité de salut public. Tu poursuis encore, et tu dis : quand j'ai vu qu'après un décret qui a rejeté ces demandes qui tendoient visiblement à établir des listes de proscription ; une pétition des jacobins présentée en masse a demandé le rapport du décret ; j'ai senti qu'il étoit temps de frapper les ennemis de ma patrie. Mais souviens-toi donc, Lecointre, que tu ne peux pas dire que j'aie pu même à cette époque participer à la démarche des jacobins, puisque aussi-tôt après le 9 thermidor, t'en étant toi-même emparé ; lorsque depuis plus d'un an peut-être tu les avois désertés ; j'étois du nombre de ceux que tu étois parvenus à faire rejeter par un comité de présentation, dont tu as été membre pendant plus d'un mois que tu y as dominé. Tu le vois, Lecointre, l'intrigue a beau se replier, il y a toujours quelques traits dans sa conduite qui la démasque. Enfin, tu termines ce passage en disant : je t'ai nommé Billaud, et tes complices ; et si auprès de la convention j'ai échoué, pour

pour n'avoir pas pris un jour favorable, au moins je n'ai pas manqué le jour de l'opinion publique ; elle vous a tous jugés imperturbablement et sans retour. Tu me permettras de n'en rien croire quand il est constant que cette opinion a été égarée depuis près de cinq mois par un système de diffamation, dont il n'y a point encore d'exemple. Et certes, quand malgré la prévention qui en est devenue le résultat forcé, la Convention, comme l'opinion publique, a fait justice de ta dénonciation discutée et approfondie pendant deux séances consécutives ; il ne faut pas dire que tu as échoué pour n'avoir pas choisi le moment favorable, mais que deux jours de suite, malgré tes efforts et ton adresse, tes calomnies n'ont excité que l'indignation générale.

ART. XI. D'avoir dans l'affaire d'Hébert, Vincent et autres, arrêté l'effet d'un mandat d'arrêt lancé contre Pache qui devoit être nommé grand juge par cette faction ; d'avoir intimé à Fouquier accusateur public, l'ordre, non-seulement de ne pas mettre à exécution le mandat d'arrêt; mais même de ne pas permettre qu'il soit parlé de Pache ; d'où il résulte que la parole a été interdite aux témoins qui ont voulu parler de Pache, et même aux accusés lorsqu'ils ont demandé qu'il parût.

Réponse. Pour justifier qu'un ordre a été intimé à l'accusateur public, Lecointre présente une déclaration de Fouquier. Aussi a-t-elle été rejetée par la Convention, et Lecointre sentant lui-même toute la nullité de cette pièce, prétend que Cambon a fait un aveu très-précieux en déclarant à la Convention qu'étant au comité de salut public, il s'y trouva avec Pache qu'on avoit envoyé chercher; qu'il fut témoin que Collot et Billaud lui firent des reproches très-vifs et que le sur-lendemain Pache fut arrêté. Car, ajoute Lecointre, ce ne sont pas des reproches qu'il falloit, mais dénoncer, mais provoquer le ministère public, et l'arrestation de Pache n'est qu'un jeu pour sauver un grand coupable. Du moins Lecointre doit-il prouver d'une manière légale que ce jeu a été joué positivement par ceux reconnus ici pour s'être prononcés fortement contre Pache. Autrement pourquoi accuser plutôt ceux-là que les autres membres du comité? A moins que Lecointre n'avoue que sa dénonciation ne soit une véritable proscription.

Notre accusateur place de suite les articles XII et XIII, et cumule leurs explications; il en sera de même de mes réponses.

Art. XII. D'avoir, dans les mêmes vues d'injustice, afin de sauver les coupables, empêche qu'il soit décerné des mandats d'arrêt contre le général Henriot, Mathieu, son aide-de-camp, Lubin, juge au tribunal du premier arrondissement, et Gobaut, substitut de l'accusateur public du tribunal criminel de Paris, tous impliqués dans l'affaire d'Hébert, et qui depuis, ont été guillotinés comme conspirateurs; et cela, quoiqu'il y eût des charges graves qui furent communiquées par écrit au comité de salut public, où elles sont restées; en conséquence, la parole a été également refusée aux accusés comme aux témoins, lorsqu'ils ont voulu parler de ces individus.

Art. XIII. De n'avoir pas donné connoissance à la Convention nationale de la lettre écrite par Fouquier, le 15 germinal, lettre dans laquelle il exposoit à la Convention que les accusés demandoient à faire entendre seize députés, dont les dépositions prouveroient la fausseté des faits qu'on leur imputoit; et qu'ils en appelloient au peuple en cas de refus, et d'avoir substitué à cette lettre un rapport mensonger, duquel les comités ont fait résulter que les accusés s'étoient mis en rébellion contre la loi, ce qui a déterminé le décret qui déclare que tout prévenu de conspiration, qui résistera ou insultera à la justice du tribunal, sera mis hors des débats et jugé sur-le-champ.

Réponse. C'est toujours cette déclaration de Fouquier-Tinville, rejetée par la Convention nationale, que Lecointre présente à l'appui de ces deux articles : cependant, que porte cette déclaration ? qu'il fut décidé au comité de Salut public qu'il ne falloit pas plus parler d'Henriot et de Mathieu, que de Pache, ce qui a été ponctuellement exécuté par Dumas, qui, de son autorité privée, et non-obstant les représentations de Fouquier, a écarté les témoins qu'il savoit être dans le cas de parler d'Henriot; et une chose bien remarquable, c'est qu'Henriot, Lubin et Gobaut ont tous figuré dans la conspiration du 9 thermidor, et ont été guillotinés ».

Ce n'est donc pas comme conspirateur seulement, mais comme complices de Robespierre, qu'en dernier lieu ils ont péri sur l'échafaud. Qui ne voit pas maintenant la main qui les en a d'abord arrachés, quand sur-tout c'est Dumas, principal agent de Robespierre, qui a écarté les témoins de son autorité privée, et quand on sait que la discussion dont parle Fouquier est d'une époque où la simple volonté du dictateur étoit devenue un ordre impératif ? Enfin, il ne faut pas oublier qu'un des chefs d'accusation portés contre nous, par le triumvirat, est positivement d'avoir voulu ce que les conjurés appeloient *la perte des chefs de l'état-major de la garde nationale de Paris, et du tribunal révolutionnaire.* Ainsi Saint-Just, dans son dernier discours, a lui-même réfuté l'inculpation que nous fait Lecointre.

A l'appui de l'article XIII, c'est encore la même déclaration de laquelle notre accusateur tire la copie d'une lettre de Fouquier, pour prouver que le Comité en avoit imposé à la Convention, parce que Saint-Just avoit annoncé, dans son rapport, que les accusés, Danton, Lacroix et autres étoient en révolte. Eh bien ! que dit la copie de cette lettre ? *Un orage horrible gronde depuis l'instant que la séance est commencée; des voix effroyables réclament la comparution et l'audition des députés.* Ensuite viennent leurs noms, après lesquels sont des points. Eh! pourquoi toujours des réticences ? Puis on lit encore dans cette copie de lettre : Les accusés en appellent au peuple entier du refus qui seroit fait de citer ces témoins. *Il est impossible de vous tracer l'état d'agitation des esprits; malgré la fermeté du tribunal.* Il est instant que vous veuillez bien nous indiquer notre règle de conduite, *et le seul moyen seroit un décret à ce que nous prévoyons.* S'il n'y avoit pas de révolte, qui pouvoit motiver cette demande d'un décret précédé de ces mots un orage horrible gronde, des voix effroyables réclament, il est impossible de vous tracer l'état d'agitation des esprits ?

Lecointre me demande pourquoi j'ai proposé à la Convention nationale d'entendre la lecture d'une lettre de l'administration de police, contenant une dénonciation qu'elle avoit reçue ; et de laquelle il résultoit qu'on devoit exciter un émeute pendant ce jugement, lorsque je n'ai point parlé de celle de l'accusateur public. C'est que les faits consignés dans la lettre de l'administration de police, rendant plus inquiétant encore l'orage horrible annoncé par l'accusateur public, il m'a paru nécessaire de faire connoître cette lettre à l'assemblée.

Art. XIV. D'avoir, Amar et Voulland, en apportant eux-mêmes le décret, et en le remettant à Fouquier, dit: voila de quoi vous mettre à votre aise, et mettre à la raison ces mutins-là.

Réponse. Cet article n'a été d'abord appuyé que par un écrit anonyme et qui n'a excité dans la convention que des murmures très-violens. A la vérité, Lecointre observe que cette pièce n'étoit point signée, lorsqu'il la citée à la tribune : mais que Fabricius est venu le lendemain, chez notre accusateur, pour la signer ; ce qu'il a fait. Pour le coup, ceci est trop fort. Quoi tu as pris six-mois pour préparer ta dénonciation et recueillir les pièces à l'appui! Tu avois annoncé ces pièces authentiques et probantes ! et cependant, quand tu es contraint de les lire, cela se réduit à une déclaration sans date de Fouquier-Tinville, et à un écrit anonyme que tu as déclaré, non pas être l'ouvrage de Fabricius; *mais t'avoir été remis par cet individu.* C'est encore ce que tu répètes, page 119 de ton mémoire. Tu avois donc dressé dans l'ombre bien des batteries, puisque tu as pu espérer de réussir avec de pareils moyens ! Mais quand la justice de la Convention nationale, indignée de tant d'impostures, et d'une intrigue si profonde et si palpable, t'a accablé sous le poids de sa réprobation, tu ne crains pas de mettre le comble à la perfidie, en faisant appliquer après coup des signatures à des pièces que tu as d'abord données comme anonymes ! Que tu tu serois fort, Lecointre, si tu avois à nous reprocher de pareilles machinations !

Art. XV. D'avoir, lorsqu'il s'est agi d'affaires importantes, permis et même ordonné un choix de jurés hors les sections qui étoient en tour, afin de prendre ceux qui étoient connus pour les plus dociles.

Réponse. Lecointre ne présente à l'appui de cet article que la même pièce d'abord anonyme, et aujourd'hui signée de Fabricius. Il est vrai qu'il propose aussi la preuve testimoniale : mais quand on a à sa disposition des signataires de pièces anonymes, on ne doit pas manquer de témoins.

Art. XVI. D'avoir (Amar, Vouland, David et Vadier) lorsque ces jurés étoient à la chambre des délibérations, et que le bruit se répandoit dans le tribunal, que la majorité des voix étoit pour l'absolution des accusés, passé par la buvette dans une petite chambre, voisine de celle des jurés, et d'avoir engagé Herman à les déterminer, par toutes sortes de voies, à condamner à mort; ce que celui-ci, en entrant dans la chambre du conseil, a exécuté, en parlant contre les accusés, et en excitant ceux des jurés qui avoient voté pour la mort, à menacer les autres du ressentiment des comités.

Réponse. Bréard qui a observé sur cet article qu'il étoit extrait de l'écrit de Fabricius; est bien heureux de n'avoir pas été attaqué à son tour par Lecointre. Car Garnier de Saintes pour avoir aussi exprimé sa pensée avec énergie, trouve aujourd'hui dans le mémoire de notre dénonciateur, son acte d'acusation; terminé par cet aveu qu'on l'auroit oublié s'il eut voulu garder le silence. Il suffit donc Lecointre, de transiger avec toi pour arrêter ta fureur de dénoncer

noncer. En ce cas, j'aime mieux t'avoir pour accusateur, que d'être du nombre de tes amis. Au surplus, il reste encore à prouver comment nous pouvons être responsables d'un fait qu'on impute nominativement à Vouland, Amar, David et Vadier.

Art. XVII. D'avoir plusieurs fois ordonné la mise en jugement de cinquante à soixante personnes en même temps, pour des délits différens.

Réponse. C'est toujours cette déclaration sans date de Fouquier-Tinville que Lecointre offre comme pièce de conviction ; mais fût-elle légale et admissible, qu'elle ne prouveroit rien relativement à cette allégation de Lecointre, puisque, pour intimer des ordres à un tribunal, il faut des arrêtés. S'il y a eu des ordres de ce genre, comme l'a observé notre collègue Marech, ils n'ont pu être donnés que par Robespierre, qui, quoique absent du comité, ne dirigeoit pas moins les opérations du tribunal révolutionnaire au moyen de ses relations intimes et criminelles avec Dumas et Coffinal, ses deux complices, qui se rendoient chaque matin chez lui pour concerter ensemble leurs opérations de la journée. D'ailleurs, pendant son absence ne restoit-il pas encore Couthon et Saint-Just au comité, et dans leur bureau de police générale.

Il n'y a donc plus à s'étonner si, pendant les derniers jours de leur règne, le nombre des personnes jugées a pu être plus considérable qu'auparavant.

Art. XVIII. D'avoir ordonné à l'accusateur public de faire juger dans les vingt-quatre heures les prévenus de la conspiration dite des prisons ; de sorte que cent cinquante-cinq personnes dénommées dans l'acte d'accusation du 18 messidor devoient être jugées et périr le même jour; mais la crainte de l'opinion publique ayant fait naître quelques réflexions, il fut décidé qu'on les mettroit en trois fois.

Réponse. A chaque article, Lecointre ne manque pas de produire sans cesse des déclarations de Fouquier-Tinville, quoique rejetées par la Convention, et qui portent dans le passage cité par notre accusateur, qu'il a été trouvé sous ses scellés un arrêté du Comité de Salut public, qui lui enjoint de mettre en jugement, dans les vingt-quatre heures, toutes les conspirations des prisons qui lui seroient dénoncées. Mais l'arrêté dont on parle, sans en donner les dispositions précises, seroit un travail sorti du bureau de la police générale; comme l'atteste son objet ; et comme l'original même doit servir à le confirmer. C'est une imposture atroce que d'avancer que ces conspirations des prisons ont été dénoncées par le Comité de Salut public, à Fouquier-Tinville. Il est constant que ce Comité n'a jamais eu d'inspection, ni directe ni indirecte sur aucune des prisons de Paris. C'étoit une attribution particulière du comité de Sureté générale. Tous les renseignemens qui nous sont parvenus nous ont été donnés, par l'administration de la police, c'est ce qu'atteste la lettre déja citée, et qui nous annonçoit la conspiration du Luxembeurg, dénoncée par un nommé Laflotte, à la tête de laquelle paroissoit être ce général Dillon, dénoncé lui-même, depuis long-temps, comme chef d'un parti qui vouloit rétablir la royauté, ainsi que Cambon l'a déclaré à la Convention nationale. Enfin, l'accusateur public, ayant par sa place beaucoup de relations avec les prisons, est venu lui-même nous donner souvent des détails sur ces conspirations, qui devoient d'autant plus nous alarmer qu'on nous annonçoit que la Convention nationale étoit dans le plus grand danger; que c'étoit elle qu'on vouloit égorger; que déja on avoit saisi des armes qu'on cherchoit à introduire dans ces prisons.

Certes, nous aurions été bien coupables, si alors nous eussions pu paroître indifférens à de semblables recits; et les conjurés qui cherchoient à tirer parti de tout, se voyoient encouragés par nos alarmes mêmes à prendre leurs mesures en conséquence. Mais comment Fouquier-Tinville peut-il dire qu'il a écrit au comité, pour lui faire des représentations sur la mise en jugement des cent cinquante-neuf prisonniers du Luxembourg, quand et son acte d'accusation contre eux, et l'échafaud dressé au tribunal, à l'insçu des comités, démentent formellement cette allégation. Celle de la prétendue décision portant que la mise en jugement seroit effectuée en trois fois, est toute aussi fausse. C'est au comité de salut public même qu'on fit à Fouquier Tinville, de vives observations sur une manière de juger, qui sembloit transformer la justice en boucherie ; ce furent les propres termes dont on se servit ; il en convînt ; assura qu'il alloit faire détruire l'échafaud qu'on avoit dressé, et cela fut fini : le comité même n'avoit rien de plus à faire que des observations ; car il auroit dépassé ses pouvoirs et se seroit réellement compromis, si, en traçant au tribunal une règle de conduite ; il eût paru vouloir diriger lui-même le cours de la justice.

Quant aux trois arrêtés, relatifs à la commission populaire du Muséum, ils ne sont que l'exécution des lois des 8 et 17 ventôse ; dont le comité de sureté générale étoit spécialement chargé, et qu'on n'a point à désavouer quand ils sont conformes aux décrets de la convention. Tu dis, Lecointre, les avoir trouvés chez Robespierre; et tu nous reproches la signature qu'il y a mise; mais cela prouve combien lui étoient soumis les commis du bureau de police générale qui lui ont porté ces pièces, et sans doute tu aurois pu recueillir un plus grand nombre de piéces semblables; si au lieu d'une commission, mise en activité, les deux comités se fussent empressés d'en organiser six, suivant le décret du 13 ventôse, proposé par le triumvirat, et dont notre accusateur se garde bien de rapporter les dispositions, seules suffisantes pour le confondre.

Art. XIX. D'avoir souffert, que les mêmes témoins, entrétenus, nourris dans les prisons, et connus vulgairement sous le nom de *moutons*, déposassent à charge contre tous les prévenus, et l'on distinguoit parmi ces témoins, Ferrieres-Sauvebœuf, ex-noble, et Leymie, secrétaire particulier d'Amar.

Reponse. Sur cet article Lecointre a proposé à la Convention des témoins qui ont été repoussés. Il est constant que le comité de salut public, ne s'est jamais occupé des maisons d'arrêt, qui n'entroient aucunement dans ses attributions;

et le comité de sureté générale, qui en étoit chargé, ne sera pas en peine de prouver que cette accusation est une calomnie, déja évidente par l'extension maligne que Lecointre voudroit lui prêter, en rendant le comité de salut public solidaire pour ce qui lui est étranger.

Art. XX. D'avoir démenti formellement les dénonciations faites à la Convention contre Joseph Lebon, représentant; d'avoir fait un rapport infidèle sur sa conduite, et d'avoir déguisé ses cruautés sous la dénomination de *formes acerbes*.

Reponse. Quand il est notoire que Robespierre ne songeoit qu'à entamer la Convention nationale; n'importe par qui il commençât; Lecointre eût-il mieux aimé qu'on eût rempli le vœu du tyran, en proposant un décret d'accusation contre Joseph Lebon, dans le moment où les projets sinistres du triumvirat menaçoient davantage la Convention et la liberté? Une des dernières menaces de Robespierre aux deux comités réunis, fut : puisque vous soutenez ici des conspirateurs, je saurai bien les faire punir, ainsi que ceux qui les défendent, et c'étoient plusieurs de nos collègues à qui il prêtoit ce titre de conspirateurs. Ne sembleroit-il pas que c'est le même esprit qui aujourd'hui anime Lecointre? Assurément je ne prétends point excuser

Joseph Lebon, s'il est coupable des faits qu'on lui impute. Reste à examiner si les pouvoirs qu'il a reçus ont pu autoriser la conduite qu'on lui reproche. Mais cette preuve ne résulte nullement des détails de la séance où il a été mis en état d'arrestation : car si Joseph Lebon a dit avoir reçu des ordres du comité de salut public, notre collègue Poultier a déclaré à l'assemblée qu'il avoit la preuve en main qu'un courier étant venu lui apporter des ordres de ce comité, Joseph Lebon les déchira et fit mettre le courier en prison, où il gémit depuis cinq mois. D'ailleurs, je le répéte, les originaux des pouvoirs donnés aux représentans du peuple en mission, sont au comité et serviront à constater la vérité. On ne sait trop à quel propos Lecointre ajoute aux détails de cette séance, ceux de la séance où Carrier fut accusé pour la première fois ; à moins que ce n'ait été pour en venir à des déclamations virulentes contre notre collègue Carnot ; ou bien n'est-ce que pour suppléer, par de grands recits, les preuves qui lui manquent. C'est à peu-près comme ce gros rouleau de papiers qui a disparu au moment de l'examen. D'ailleurs, quand il y avoit près de cent de nos collègues aux armées et dans les départemens ; investis de pouvoirs illimités, et ayant à peu près les mêmes mesures à prendre ; tous en correspondance très-active avec le comité de salut public ; comment se feroit-il que Joseph Lebon et Carrier eussent été les deux seuls à qui on eût écrit dans un sens si extraordinaire ? Car, nous interpellons tous nos collègues, qui ont reçu des lettres et des arrêtés du comité, et nous les conjurons de déclarer, si tout ce qu'on leur a adressé n'est pas conforme aux principes les plus purs, et à la justice la plus exacte ?

Art. XXI. De n'avoir point prévenu la Convention de l'absence de Robespierre, du comité, depuis quatre décades ; d'avoir souffert que nonobstant son absence ; il ait continué de signer des actes ; d'avoir caché les manœuvres que ce conpirateur avoit employées dans la vue de tout désorganiser, se faire des partisans, et ruiner la chose publique.

Réponse. La seule preuve qui résulte de cet article et des suivans, c'est le regret que semble avoir Lecointre de ce que l'attaque, contre un dictateur tout puissant, ait été dirigée de manière à obtenir un succès presque inespéré. C'est ce qui n'est pas échappé à la convention nationale, dans la séance où cet article a été discuté. On nous fait un crime, comme la observé Cambon, tantôt de n'avoir rien dit, tantôt d'avoir parlé. Tel est en effet le caractère

tère perfide des accusations de Lecointre ; que susceptibles d'être retournées en sens contraire, leur inverse présente le même tranchant. Il falloit dénoncer l'absence de Robespierre du comité ; c'est-à-dire, qu'en lui reprochant un fait facile à excuser, en prétextant une indisposition, il falloit lui permettre de dire au peuple égaré : vous voyez bien que je ne vous en imposois pas, quand je vous ai annoncé aux jacobins qu'on conspiroit contre moi au sein même des comités. C'étoit bien plutôt à toi, Lecointre, qui avois dès lors recueilli, dans dans un acte d'accusation, les preuves des crimes de ce tyran, à monter à la tribune, d'autant mieux qu'il n'auroit eu aucun moyen spécieux de récrimination à t'opposer. Mais tu es déjà convenu que, même dans la séance du 8 thermidor, on t'avoit démontré que le moment d'éclater n'étoit pas venu ; et cependant la prudence que tu as eue de souscrire à ce conseil, ne nous est pas commune dans cette séance.

Tu rapportes différens arrêtés pris dans l'intervalle de l'absence de Robespierre, et où se trouve sa signature : mais c'est ici que ta mauvaise foi est à son comble, car tu ne peux ignorer que, dans tous les comités, ce sont les chefs de bureau de chaque division qui présentent les pièces à la signature ; et certes, il n'est pas étonnant qu'ils les aient portées à Robespierre, au moment où cet homme étoit au plus haut degré de sa puissance.

Enfin, tu vas jusqu'à me faire un crime des moyens dont je me suis servi dans la séance du 9 thermidor, pour attaquer ce tyran, et concourir avec la Convention nationale à le renverser. A plus forte raison, tu aurois reproché à Brutus d'avoir poignardé César, au lieu de l'abattre, en prouvant son usurpation et ses crimes. De-là, tu t'en prends à notre collègue Lecointre-Puyravaux, d'avoir rappelé des faits qui sont connus de toute la France, les victoires nombreuses remportées pendant que Robespierre a été absent du comité. Mais, quoique ta manie soit de ne voir que du mal par-tout, le bien qui a été opéré n'en existe pas moins.

Art. XXII. D'avoir permis que le général Lavalette, Dufraise et autres traîtres et conspirateurs dénoncés dès long-temps au comité, et frappés par des décrets de la Convention, soient restés à Paris, y aient obtenu de l'emploi, et de les avoir mis ainsi à portée de commettre de nouveaux forfaits.

Réponse. Sur cet article aussi bien que sur les autres, Lecointre se trouve n'avoir point de pièces, ou du moins il présente comme preuve de ce qu'il avance la condamnation de Lavalette. Mais c'est une preuve qui dépose contre la mauvaise-foi de notre accusateur, en attestant la complicité de ce Lavalette avec le triumvirat. Il y a plus. Remarquez que ce fut là un des principaux chefs d'accusation contre Robespierre, dans la séance du 9 thermidor, qui n'y répondit qu'en la confirmant d'une manière positive, puisqu'à son tour, Saint-Just, dans son discours, page 5, nous fait un crime *de s'être saisis des moindres prétextes, pour faire mettre en état d'arrestation l'état-major de la garde nationale de Paris*. Que Lecointre nous explique maintenant à quoi se réduit son imputation, quand le triumvirat nous fait un reproche contraire?

Art. XXIII. De n'avoir pris dans la nuit du 8 et dans la journée du 9 thermidor, aucune des mesures qui pouvoient assurer la tranquillité publique, et la sureté de la Convention, évidemment compromise par le discours du tyran, prononcé le 8 à la tribune de la Convention, et le soir à celle des jacobins, qui lui avoient promis secours, force et protection.

Réponse. Pour détruire la première partie de ce chef d'accusation, il suffit de se rappeler la situation non pas seulement du comité, dans cet instant, mais du peuple abusé. Il ne faut que de la bonne-foi, pour concevoir que la moindre mesure indiscrete ajoutoit encore aux périls qui menaçoient la patrie, en fournissant un prétexte aux conjurés de prendre les avances, de convoquer dès la nuit le conseil-général de la commune, de rassembler les sections, et d'appeller la force armée. Que devenoit la liberté, si, avant que la Convention fût réunie, ces dispositions avoient été prises par les conjurés? Il étoit donc plus sage qu'on les laissât s'en reposer sur la force qu'ils espéroient trouver dans leur coalition, et dans l'opinion égarée. Cette nuit-là, on a préparé la direction à donner à la journée suivante, soit pour mettre la convention nationale en état de frapper les conspirateurs avec succès, soit pour éclairer le peuple, soit en empêchant les conjurés de prendre des précautions propres à empêcher ces résultats. C'est sans doute ce qu'on pouvoit faire de mieux dans des circonstances aussi difficiles; et Lecointre, qui dit s'être donné cette nuit-là tant de mouvement pour engager les comités à prendre un parti violent, et dont l'exécution n'étoit pas en leur pouvoir, agissoit-il bien dans le sens le plus favorable au salut public!

Quant à la seconde partie de ce chef d'accusation, elle est réfutée, et par les projets de décrets qui ont été présentés au nom des deux comités dans la séance du 9 thermidor, et par la conduite prononcée de plusieurs membres de ces comités dans la même séance, et enfin par les différens arrêtés qu'ils ont pris dans cette journée, et qui seront imprimés.

Art. XXIV. De n'avoir pas fait arrêter, dans la nuit du 8 au 9, le général Hanriot, le maire et l'agent national de Paris, Lavalette, et tant d'autres principaux complices de Robespierre, qui tous leur avoient été dénoncés par plusieurs collègues.

Réponse. La nomenclature que présente cet article, prouve seule l'impossibilité des arrestations dont parle Lecointre. Car est-ce par le maire, un des principaux conjurés, qu'il vouloit qu'on fît arrêter Hanriot, l'agent national, Lavalette et leurs autres complices; ou qu'on remît ce soin à Hanriot, ou aux autres chefs de l'état-major qui conspiroient avec lui ? Tous les moyens d'exécution n'étoient-ils pas paralysés par l'effet même de la conjuration; puisque le lendemain, et lorsque le triumvirat étoit démasqué aux yeux du peuple, cette conjuration a été secondée et par une portion de la force armée encore dans l'erreur, et même par les concierges des prisons qui ont refusé d'exécuter les décrets de la convention nationale ?

Art. XXV. De n'avoir pris, dans la journée du 9 aucune meusre de rigueur, afin que les décrets d'arrestation lancés contre Robespierre et ses complices fussent exécutés, et d'avoir exposé, par cette négligence criminelle, la représentation nationale a être égorgée, puisque les satellites des conspirateurs ont pu, le même jour, arracher sous les yeux de la convention nationale elle-même et de ses comités, dans le local de celui de sureté générale, et sans aucune résistance, le traître Hanriot, qui avoit été conduit dans ce comité.

Reponse. Lecointre nous a demandé précédemment, si l'on a mis la même incurie dans l'arrestation de Cimon, de Hérault-Séchelles, de Delaunay? Pour être plus expressif, il pouvoit même ajouter de Danton. Mais y a-t-il la moindre similitude dans les circonstances? Quoique conspirateurs, ceux-ci n'avoient pas les chefs de la force armée à leur disposition, ni la municipalité se déclarant ouvertement pour eux. Lecointre se plaint de ce que Hanriot a été arraché du comité de sureté générale sans résistance., Que prouve ce fait, si non que la force armée, trompée par ses chefs, a cédé à leurs ordres plutôt qu'à ceux de l'autorité légale. Lecointre, au milieu de cette convulsion générale, eût-il préféré qu'on se fût égorgé?

Mais qu'il nous apprenne où un seul coup de fusil tiré auroit pu nous conduire ? Qu'il nous dise si, pour réussir, il ne falloit pas éclairer le peuple, en développant à chaque instant, au sein de la convention, la conduite des conjurés, dont chaque trait démontroit les attentats? Qu'il nous dise si ce n'est pas par la proclamation, qui a ouvert tous les yeux, qu'on a réuni tous les esprits ? Qu'il nous dise si ce ne fut pas en profitant du moment où les sections commençoient à se présenter à la barre de l'assemblée, que pour achever de leur donner l'impulsion, nous nous empressâmes de les avertir que ce n'étoient point seulement des protestations de dévoûment, mais des faits qui pouvoient sauver la patrie; qu'il étoit temps de marcher enfin contre cette municipalité audacieuse et conspiratrice, et de livrer avant une heure les conjurés au bras vengeur de la justice, ce qui fut à l'instant décrété par la Convention, ainsi que la mise hors de la loi des conjurés, et ce qui devint deux mesures décisives, puisqu'elles servirent à déterminer la chance, et à assurer la prompte punition des traîtres. Si le décret d'arrestation contre Robespierre et ses complices n'a pas eu son exécution, certainement on ne présumera pas que ce soit par la faute de ceux qui ont été placés à la tête des listes de proscription rédigées par les conjurés, tant à la commune qu'à l'état-major. C'est donc le même glaive qui nous poursuit par-tout, et c'est Lecointre qui semble le prendre des mains de Robespierre pour le suspendre aujourd'hui sur nos têtes. Je ne desire ni éloges, ni grace; mais je veux au moins qu'on soit juste.

Dans les explications que Lecointre donne sur l'article précédent, et qui se rapportent également à celui-ci, il prétend que peu de jours avant que l'infame Robespierre montât à la tribune, les deux comités, Robespierre présent, se sont réunis pour faire une paix générale, et que l'un des points de la réconciliation, la postérité en frémira d'horreur, ajoute Lecointre, fut que Barère présenteroit le lendemain à la Convention, au nom des deux comités, un décret pour créer quatre tribunaux révolutionnaires ambulans, avec tout l'attirail exécutif, afin d'accélérer la mort des conspirateurs, c'est-à-dire, de tous les citoyens qui auroient du caractère, de l'énergie, des lumières, de la probité et de la fortune. Comme Lecointre assure que les deux comités ont été les témoins du fait qu'il avance, ils déclareront qu'on ne peut pas dénaturer la vérité avec plus d'impudeur.

D'abord, il ne pouvoit pas être question de réconciliation entre les comités qui n'ont jamais été désunis. En second lieu, cette

séance

séance est la même dont Saint-Just rend compte dans son dernier discours, et qui quoique tronquée comme l'attesteront encore les membres de ces deux comités, prouve par l'esquisse qu'il en fait, combien il s'en faut que les deux comités soient tombés d'accord sur aucun point avec Robespierre. Car il ne faut pas oublier que c'est de ce moment que le triumvirat s'est enfin déterminé à lever hautement le masque, et que c'est même à l'occasion de cette séance, que Robespierre dit aux jacobins cette phrase que j'ai déjà citée : vous frémiriez d'horreur, si vous saviez quels sont les hommes qui conspirent et les lieux où l'on conspire. A une époque où il n'y avoit encore aucun de ces actes ostensibles et nécessaires pour démontrer une conjuration à l'opinion publique abusée, Robespierre fut mandé en présence des deux comités, pour rendre compte des motifs de son éloignement. Ce fut là, qu'appuyé fortement par Couthon et Saint-Just, comme celui-ci en convient dans son discours, Robespierre devint lui-même accusateur, et désigna nominativement les victimes qu'il vouloit immoler. Il ne s'en tint pas là : il fit l'accusation des deux comités en entier et leur reprocha l'inexécution du décret qui ordonnoit l'organisation de six commissions populaires pour juger les détenus ; et voilà ce que Lecointre transforme en quatre tribunaux ambulans avec tout l'attirail exécutif, pour jetter sur les deux comités l'odieux d'une pareille proposition ; et ce sont les intentions perverses de Robespierre repoussées par les deux comités, que Lecointre leur impute. Notre accusateur continue, et dit que ce fut Lindet qui fit retirer cette proposition, en menaçant de s'élever à la tribune contre cette institution sanguinaire. Sans doute Lindet a combattu avec force la création des six commissions populaires. Mais ce qui prouve qu'il n'a pas été le seul de son avis; c'est qu'elles n'ont point eu lieu ; et si quelque chose peut ici exciter un sentiment d'horreur, n'est-ce pas l'infidélité que Lecointre a mise dans ce récit, lorsqu'il y a autant d'hommes pour le confondre, que de membres des deux anciens comités ?

Enfin, notre dénonciateur termine en disant qu'il a su également que si Lindet eut été présent lorsque Carnot et Prieur de la Côte-d'Or sont montés à la tribune pour défendre Billaud, il n'auroit pas manqué de donner de grandes lumières sur les questions qui venoient de s'agiter : en effet, Lindet a dit à Cambon que s'il se fût trouvé là, il auroit prouvé à la convention combien elle devoit se défier des impostures et des calomnies dont on l'entretenoit depuis cinq mois.

Art. XXVI. D'avoir employé des hommes reconnus pour contre-révolutionnaires, perdus de réputation et de débauche, et même dans les liens de décrets d'accusation, tels que Beaumarchais, Espagnac, Haller et autres, et de leur avoir confié des trésors immenses appartenans à la république, trésors avec lesquels ils ont émigré.

Réponse. Je n'ajouterai à ce qui a été dit à la convention nationale, pour faire rejeter cet article, qu'une seule observation : c'est que les trois individus dont parle Lecointre ont été chargés des missions qu'il nous reproche, par les membres qui nous avoient précédé au comité de salut public. Ainsi, les accusations de notre dénonciateur sont si extravagantes, si exagérées, qu'elles portent sur des opérations auxquelles ni nous, ni nos collègues contemporains n'ont pris part.

Lecointre veut aussi que je lui rende compte des motifs de l'embargo mis sur les vaisseaux neutres. Mais il sait bien que je n'étois pas chargé au comité de cette partie; et pour avoir ces éclaircissemens, il devoit au moins appeler ceux qui en avoient la direction. Tout ce que je puis dire, c'est que lors de la délibération sur cet objet, je me rappelle très-bien qu'il fut attesté au comité que beaucoup de vaisseaux neutres se rendoient à vide dans nos ports, et repartoient, non-seulement chargés de nos denrées, ce qui augmentoit la disette, mais qu'ils servoient aussi à exporter la fortune de plusieurs capitalistes, et que c'étoit par ce moyen que Fonfrède avoit fait passer une partie de la sienne à Hambourg, ce qui produisoit une double cause d'épuisement.

Lecointre nous demande encore compte des quatre millions huit cent onze mille trois cent vingt-six livres, qui ont été dépensés dans les quatre derniers mois de notre gestion; mais rien n'est plus facile que de calmer ses inquiétudes à cet égard. Nos comptes ont été rendus dans la forme prescrite; ils sont déposés au comité des finances, et tout ce que nous désirons, c'est que la convention nationale ordonne qu'ils soient imprimés.

Lecointre prétend que ceux qu'il accuse, n'avoient laissé Robespierre s'emparer d'un si énorme pouvoir, que pour le lui ravir et lui succéder. Mais il oublie donc que le premier usage que le tyran en devoit faire, et qu'il en a fait, étoit de tourner ce pouvoir contre nous-mêmes, et de nous sacrifier; et ce seroit une bien absurde combinaison que de créer une idole qui nous écrase de son propre poids, pour vouloir un jour se mettre à sa place. Le pouvoir de Robespierre n'étoit point notre ouvrage. Ce dictateur avoit déjà une grande popularité, quand il est arrivé au comité de salut public. Son ascendant s'est insensiblement accru par les circonstances, par les manœuvres des différentes factions dont il a profité, par son hypocrisie patriotique, par ses fréquents discours qui ont rendu l'aveuglement universel. Quelle parité peut-on trouver entre nous et lui ? Où étoit pour nous cette célébrité exclusive qu'il avoit acquise ? Où étoit cette multitude de complices dont il s'étoit entouré ? Où étoient ces leviers de contre-révolution qu'il s'étoit formés ? Que pouvoient contre tant de supériorité, six individus isolés, et n'ayant même entre eux aucunes liaisons particuliéres, qui n'ont rien fait qu'avec l'ensemble des comités, dont ils étoient membres, contre qui aucune réclamation ne s'est élevée de la part de leurs collègues non inculpés, en un mot, à qui l'on ne peut opposer aucun fait, aucune pièce qui leur soient personnels ; et que par-conséquent, on ne peut aujourd'hui isoler que par une perfidie insigne ? Certes, il ne suffit pas de prodiguer les titres de scélérats, de coquins, de meneurs, pour faire croire que de pareilles déclamations sont fondées. Il y avoit, dit

Lecointre, deux bandes de meneurs au comité de Salut public : celle dont Robespierre étoit le chef ; et celle que Billaud conduisoit. Cependant, si l'intimité bien notoire de Robespierre, de Saint-Just et de Couthon attestoit leur coalition, il est également notoire que je n'ai jamais eu de rapprochemens particuliers avec ceux dont on prétend composer la mienne, n'ayant jamais vu qu'au comité mes collègues Barère, Vadier, Vouland et Amar, et n'ayant peut-être pas vu Collot, chez lui ou chez moi, six fois pendant le temps que nous avons été ensemble au même comité. Quant à nos trois autres collègues, le fait rapporté par Lecointre, au sujet de Lindet, ne prouve sûrement pas que ce soit un homme à se laisser mener ; pour Carnot, j'invite notre accusateur à aller lui demander lui-même s'il a la bonhommie ridicule qu'il lui prête ; et je ne me suis jamais apperçu que Prieur (de la Côte d'or) en fût plus susceptible qu'un autre. Que reste-t-il donc maintenant à mener ? Plusieurs de nos collègues l'ont dit : Lecointre aux petites maisons!

Cependant, si l'on veut l'en croire, l'Europe attend le jugement de ceux qu'il accuse. On pourroit lui répondre que l'Europe, ennemie de la révolution française, honore ceux dont elle demande la tête. Mais qui ne voit pas que

Lecointre ne nous peint ici si importans, que pour ne pas nous manquer ; semblable à ce Sinnis de la fable qui tuoit ses ennemis à force de les agrandir ! Le peuple s'est prononcé contre eux ; et la convention hésite ! C'est ainsi que s'exprimoient Robespierre et Saint-Just. La France entière connoît leurs crimes. Cependant depuis cinq mois, quoiqu'on soit averti par tant de libelles répandus par-tout avec tant de profusion, il n'est pas une autorité constituée qui ait fourni à Lecointre les preuves qui lui manquent. Enfin, notre accusateur affirme que nous avons toujours soutenu que nous ne signions point les arrêtés de la police générale ; lorsqu'au contraire j'ai moi-même déclaré à la convention, que la signature étant forcément un acte de confiance, à cause de la multiplicité des pièces qu'il est impossible de lire, c'étoit la nature du travail qui seule pouvoit attester ceux qui en étoient les auteurs ; et cela est tellement vrai, que, sur les pièces tirées du bureau de police générale, et que produit Lecointre, on trouve les signatures de Carnot, de Lindet et de Prieur de la Côte-d'Or.

Il ne s'agit donc plus maintenant que d'examiner si ces pièces viennent à l'appui de la dénonciation de Lecointre ; et il suffira de les parcourir rapidement, pour démontrer, ou qu'elles sont insignifiantes et nulles, ou qu'elles sont étrangères aux imputations qu'on nous adresse, ou qu'elles sont particulières à Robespierre et à ses complices.

Sur l'article premier, Lecointre cite la loi du 17 septembre 1793, pour prouver qu'elle a été violée par l'incarcération de plus de cinquante mille citoyens, détenus, dit-il, sans cause ni motifs avoués par cette loi, parce que les meneurs du comité de Sureté générale, ont négligé de se les faire remettre.

Réponse. Quoi! il y a eu plus de cinquante mille citoyens détenus par la faute du comité de Sureté générale, et tu ne rapportes pas un seul fait, ni une seule pièce qui l'attestent! Mais la fausseté de cette accusation est démontrée par la variante même que tu y as mise. Vainement as tu eu la mauvaise foi de te réformer dans ton mémoire. Tout le monde se rappelle que tu avois porté en premier lieu le nombre des incarcérés à cent mille, et que le lendemain tu l'as réduit à la moitié, comme tu le fais encore dans l'indication des pièces que tu produis. Ainsi voilà une différence de cinquante mille seulement dans l'espace d'un jour à l'autre, et dans deux imprimés que tu présentes à la fois. Tu comptes mieux, sans doute, quand il s'agit de calculs mercantilles. Mais Lecointre ne croit pas

devoir

devoir être si exact quand il accuse ses collégues. Cependant est-ce donc avec de pareilles contradictions qu'on peut venir motiver une dénonciation, lorsqu'on a quelque pudeur? Ensuite quand l'exécution de cette loi appartenoit au comité de Sureté générale; comment en veux tu rendre responsables quelques membres du comité de Salut public? Ce n'est donc que pour ne pas manquer ton coup? Lecointre, il n'y a qu'une preuve bien constante, sur ce premier chef d'accusation; celle qui ne laisse point de doute sur ta fausseté et ta malveillance.

Notre accusateur assure que les articles 2, 3, 4 et 5, sont prouvés par les aveux et décrets cités dans le mémoire.

Réponse. Mais quels sont ces aveux, ces décrets, ce mémoire? Au moins devois-tu les indiquer? Ces aveux sont-ils les explications données dans la discussion, et qui ont démontré tes impostures? Ces décrets; les deux rendus à l'unanimité; l'un qui a passé à l'ordre du jour sur ton accusation; l'autre qui l'a déclarée fausse et calomnieuse? Ce mémoire, est-ce ton imprimé qui, n'étant que la répétition littéralle de ce qui s'est dit dans les deux séances où tu nous as dénoncés, ne peut amener pour toi que la même conclusion? ou quand la justice est à l'ordre du jour, après t'avoir déjà frappée deux fois dans son indignation ; que doit-elle te réserver pour la troisième?

Sur les articles 6 et 7 ; la première pièce est une pétition de la société populaire de Versailles, en faveur des citoyens de Bonnelles, de Versailles, et autres communes environnantes, réclamant contre des ordres inju[illegible]s et arbitraires, dénonçant des atrocités commises par les agens du comité de Sûreté générale. En vain le renvoi de ces réclamations a été fait à ce comité, les excès ont continué; si l'on veut en croire Lecointre.

Je lui répondrai ; premièrement, qu'une réclamation antérieure n'est pas la preuve d'une continuité ultérieure de ces prétendus excès. Secondement, ce fait, fût-il vrai, est encore particulier au comité de sureté générale, qui certainement ne sera pas en peine pour s'en justifier ; mais dont, dans aucun cas, le comité de salut public ne peut être garant.

Viennent ensuite une adresse de Vareille à ses concitoyens, contenant les arrêtés des représentans du peuple Lacroix et Musset, en faveur de la plupart des détenus ; les certificats de toutes les autorités constituées du département de Seine et Oise en leur faveur ; l'arrêté de leur mise en liberté du 19 thermidor, enfin celui du 9 fructidor qui les a réintégrés dans leurs places.

Même nature de pièces, même réponse, c'est-à-dire, pas une preuve, pas même une présomption contre ceux qui, accusés nominativement comme membres du gouvernement, ne pourroient être coupables, qu'autant qu'on trouveroit à leur charge des faits personnels.

Sous le numéro 4, Lecointre produit une adresse du représentant du peuple Boucher-Saint-Sauveur, par laquelle il rend compte des actes arbitraires, exercés par le comité révolutionnaire de la section des Tuileries qui persécutoit les patriotes. Indigné de ce que les membres de ce comité trouvoient des défenseurs dans celui de sureté générale, dont il étoit alors président; voyant qu'il ne pouvoit rien, il se retira.

Je te réponds Lecointre, en te demandant qu'a de commun un écrit qui concerne exclusivement le comité de sureté générale, avec les griefs que tu imputes aux membres de l'ancien comité de salut public? Quand tu me l'auras expliqué je saurai du moins sur quoi je dois me défendre.

Le n°. 5, est une lettre originale du représentant du peuple Guffroy, à l'adresse de Lecointre, et conçue en ces termes : Je t'adresse un exemplaire de ma justification, lorsque la cabale des égorgeurs me fit rayer des jacobins, j'y joins une copie de ma lettre de démission du comité de sûreté générale; je te raconterai les scènes que j'ai eues avec tous ces hommes, pour soutenir contre eux l'innocence et la justice.

J'indique, ajoute Lecointre, Guffroy aux comités. Il a été longtemps secrétaire-générale du Comité de Sureté-générale : il est dans le cas de déclarer les faits les plus précis.

Réponse : mais tu n'y songes pas Lecointre; car jusqu'ici, tu n'as encore fait que le procès de l'ancien comité de sureté-générale. Cependant dans ton systême de proscription; il faut frapper également sur celui de Salut-public. On ne croira pas néanmoins que tu puisses l'oublier.

Sous les numéros 6 et 7 sont une adresse du même Représentant du peuple Guffroy à ses concitoyens; et une lettre de lui à ses collègues du 17 ventose de l'année dernière.

Je te répondrai, Lecointre, que je n'ai pas reçu ces deux pièces; car à cette époque j'étois en mission à Port-malo. Mais qu'importe, puisqu'elles me sont étrangères.

8me. pièce : état des maisons d'arrêt, non compris la conciergerie, le 27 prairial, porté à 7406 détenus.

9me. pièce : autre état du 28 prairial qui va à 7465.

Réponse : je vois bien là le tableau des personnes mises en état d'arrestation ; mais où sont les arrêtés qui constatent quels sont ceux qui ont ordonné ces détentions? Telles étoient les preuves qu'il falloit rapporter ; afin de n'attribuer à qui que ce soit ce qui ne lui appartient pas. Oublies-tu, Lecointre, qu'il y avoit dans Paris quarante-huit comités révolutionnaires, chargés immédiatement de la surveillance? Oublies-tu qu'on envoyoit ici de toutes les parties de la République, ceux traduits au tribunal révolutionnaire? Où crois-tu qu'il te suffise de mettre un fait en avant pour nous en accuser : il n'y auroit pas de manière plus sure d'assommer les gens qu'on veut tuer.

La 10me. pièce est un troisième état du 14 Fructidor, c'est à dire, observes-tu, trente-quatre jours après la mort de Robespiere ; et qui réduit le nombre des détenus à 5106.

Réponse. Je ne m'en plains pas ; et tout ceque je desire, c'est que ceux rendus à la liberté, n'en abusent point. Malheur à toi-même, Lecointre, si tu n'avois protégé que des ingrats ! Les sifflemens de la couleuvre qu'un vilageois réchaufa dans son sein ; avertit bientôt son bientaiteur qu'il n'avoit commis qu'une imprudence.

Voyons maintenant si les articles 9 et 10 sont mieux justifiés que les précédents.

La première piéce sous le n.° 2., est un manuscrit du mémoire de Fouquier-Tinville, remis à Lecointre de sa part.

Réponse. Eh ! depuis quand cette remise t'a-

t-elle été faite, Lecointre ? Rappelles-toi donc que tu as avoué dans la seconde séance relative à cette discussion, que cette piéce avoit été donnée par Fouquier lui-même à la commission chargée de lever les scellés chez Robespierre et ses complices, que Férand t'ayant demandé, quels étoient tes collégues qui avoient reçu avec toi les déclarations de Fouquier; tu dis que le procès-verbal étoit là. Rappelles-toi encore qu'ayant été interpellé de déclarer, si les membres de la commission t'avoient permis de faire usage de cette piéce, tu n'eus rien à répondre; et aujourd'hi tu annonces que c'est une copie de celle remisé à la commission, que t'a envoyée Fouqnier-Tinville. Peut-on s'accuser soi-même d'une mauvaise-foi plus insigne ? Dis-nous si cette piéce se trouve maintenant datée ? car tu as déclaré dans cette même séance qu'elle ne l'étoit pas. Si dès la première fois, Bourdon de l'Oise, plein d'indignation, te dit au sujetde cette piéce, que *cela faisoit frémir*, de quelsentiment doit-on être saisi, quand tu viens de la souiller d'une imposture et d'une perfidie ? D'ailleurs, supposons qu'elle pût être admise : que prouveroit-elle cette piéce? que les membres que tu accuses comme complices de Robespierre, ne prenoient, au contraire, aucune part à ses machinations liberticides, puisqu'on y lit, *que Fouquier ayant fait des observations à Robespierre sur la réduction qu'il vouloit faire des jurés, celui-ci lui ferma la bouche, en lui objectant qu'il n'y avoit que des aristocrates qui pussent parler ainsi, et que ce débat eut lieu en présence de Collot, Barère, Prieur de la Côte-d'Or et Billaud, qui tous ont gardé le silence.* Sois donc conséquent avec toi-même, à moins que tu ne dises comme Robespierre : ceux qui parlent sont des factieux ; ceux qui se taisent conspirent.

Le n°. 12 est un mémoire imprimé de Fouquier-Tinville, semblable au mauuscrit précédent, à très-peu de chose près.

Réponse. Ce duplicata prouve uniquement la pénurie de tes preuves, et il ressemble beaucoup à cet énorme rouleau de papiers, que tu avois apporté à la première séance de la discussion, pour faire présumer ce qu'il t'étoit impossible d'attester.

La 13e. pièce est le procés-verbal d'instruction de la commission populaire, établie à Orange, par arrêté du comité de salut public, du 15 prairial, signé Carnot, Billaud, Couthon, Robespierre, et les différens arrêtés qui établissent cette commission, signés Robespierre, Carnot, Collot, Billaud, Barère, Lindet, Prieur de la Côte-d'Or, Couthon.

Réponse. Cette commission a été jugée par la

convention nationale, après la lecture faite par Lecointre lui-même, de l'arrêté qui sert d'instruction. On sait que ce genre de tribunal étoit adopté alors pour les cas graves, et que plusieurs représentans du peuple en ont institué de pareils dans les départemens. Enfin, on ne sera pas étonné que l'institution de cette commission puisse avoir quelque similitude avec la loi du 22 prairéal, lorsqu'on saura que l'arrêté est écrit de la main même de Robespierre; et si ce pouvoit être un crime de l'avoir signé, pourquoi cette prédilection de Lecointre, qui n'en accuse que nous seuls, quand la signature de tous nos autres collègues s'y trouve apposée avec la nôtre?

Sur les articles XI, XII, XIII, XIV, XV et XVI, notre accusateur produit, n°. 14, une déclaration manuscrite de Fouquier-Tinville.

Réponse. Lecointre dit maintenant qu'il a retrouvé cette pièce dans ses papiers, après avoir d'abord annoncé à la convention que c'étoit celle envoyée à la commission établie pour l'examen des papiers de Robespierre, et plus haut, que c'étoit une copie que venoit de lui remettre Fouquier-Tinville lui-même. Mais il en coûte peu à Lecointre d'ajouter un mensonge de plus à tant d'autres. Au reste, n'est-ce pas la meilleure preuve de la pénurie de de celles annoncées par notre accusateur, lorsqu'il ose reproduire une pièce que la Convention a couvert d'une réprobation générale.

Le 15e. numéro est une pièce, présentée d'abord par Lecointre comme anonyme, et qu'il dit aujourd'hui être signée de Fabricius.

Réponse. Comment, Lecointre, qui sans doute n'a rien négligé pour se procurer des pièces qui parussent au moins dignes de foi, a reçu celle-ci, de son propre aveu, des mains de Fabricius lui-même, sans que celui-ci y ait apposé sa signature. Cette pièce a eté présentée dans cet état informe à deux séances de suite, et quand elle n'a excité que l'indignation de l'assemblée, notre accusateur ne craint pas de la dénaturer, en y substituant après coup une signature. Il ne rougit pas d'ajouter évidemment une intrigue à une intrigue. Certes, avec de pareilles manœuvres, on se fait plus de tort à soi-même qu'à ceux à qui l'on veut nuire.

Le n°. 16 est une copie de la lettre écrite par Fouquier-Tinville, dans laquelle il peint la situation où se trouvoit le tribunal révolutionnaire, pendant qu'il jugeoit Danton, Lacroix et autres, et qu'il termine par demander un décret, en annonçant qu'un orage horrible gronde, qu'il est impossible de tracer l'état d'agitation des esprits.

Réponse. Il n'est rien dans cette lettre que les membres des deux comités aient eu intérêt de cacher à la Convention; elle avoit été remise à St-Just pour en faire le rapport, et si celui-ci ne l'a pas lue, lui seul s'est rendu répréhensible.

Le n°. 17 contient une dénonciation du comité de sureté générale, relative à une conspiration du Mans; un envoi au tribunal révolutionnaire de dix chefs d'une conspiration dénoncée par Levasseur de la Sarthe. Le 18e. numéro est une autre dénonciation du même comité, avec neuf liasses de pièces, envoyées par Garnier de Saintes, contre les mêmes conspirateurs; un extrait d'une adresse imprimée de la société du Mans, qui affirme que les faits cités par Philippeaux sont véritables. Le n°. 20 est une déclaration du juré de jugement qui porte qu'il n'y a pas eu de conspiation au Mans; et la 21e. pièc est le jugement du tribunal révolutionnaire qui acquitte les dix citoyens dénoncés.

Réponse. Premiérement, toutes ces pièces sont particulières au comité de sureté générale et aux deux représentans Levasseur de la Sarthe et Garnier de Saintes. Ainsi, comment a-t-on pu les opposer à trois membres du comité de salut public, évidemment étrangers à cette affaire ? Secondement, peut-on faire un crime à un comité d'avoir fait mettre en jugement des hommes qui lui sont dénoncés avec pièces ; parce qu'ils ont ensuite été acquittés? Du moins Lecointre ne peut-il pas dire, dans cette affaire, que le comité de sureté générale ait influencé le juré ; allégation qui n'est pas moins absurde pour toutes les autres circonstances.

Le vingt-deuxième numéro contient des copies de lettres de Vadier, adressées à Fouquier-Tinville.

Réponse. C'est encore ici une inculpation personnelle, à laquelle Vadier a répondu, et qui prouve l'impossibilité où se trouve Lecointre de fournir des pièces à l'appui d'une dénonciation qu'il a rendue collective.

Sur les articles 17 et 18, Lecointre produit une copie d'un acte d'accusation dressé par Fouquier-Tinville, par ordre du comité de salut public, en date du 17 messidor, contre cent cinquante-neuf prétendus conspirateurs de la prison du Luxembourg. Cet arrêté, ajoute Lecointre, est indubitablement signé des membres dénoncés, puisque Robespierre ne le fréquentoit plus depuis vingt-quatre jours.

Réponse. C'est donc sur une signature présûmée, que Lecointre fonde cette accusation ? Mais il est tout aussi présumable que celle de nos autres collègues se trouve jointe à la nôtre ; et en supposant qu'un renvoi à un tribunal, conforme à la loi, pût être regardé comme un crime, j'aurois encore à demander à Lecointre, pourquoi il ne l'attribue qu'à nous seuls ? Car si Robespierre n'assistoit pas alors au comité, Couthon et Saint-Just, ses deux complices, y étoient à sa place ; et lui-même n'en dirigeoit pas moins par eux, et par ses commis du bureau de police-générale, les opérations de cette partie ; puisque Lecointre nous reproche aussi la participation que le tyran a continué de prendre, pendant ce temps, aux seules opérations de ce bureau ; ce qui est attesté par les pièces trouvées chez lui, et rapportées par notre accusateur lui-même.

Le n°. 24 est l'extrait de plusieurs jugemens, qui ont condamné à mort ceux traduits au tribunal pour conspiration dans les prisons. On peut, observe Lecointre, avoir recours aux pièces qui sont au tribunal, et aux originaux qui doivent être sur les registres du comité de salut public.

Réponse. Il y avoit donc des pièces à l'appui de la dénonciation, puisque Lecointre reconnoît leur existence ? mais la dénonciation eût-elle été isolée, que le devoir du comité étoit, et se réduisoit à l'envoyer à l'accusateur public; et le jugement qui a suivi cet envoi est le fait du tribunal, et des juges et des jurés avec lesquels le comité de salut public n'a jamais eu de rapprochement; à la vérité on n'en pourroit pas dire autant de Robespierre, qui avoit pour amis et pour complices Dumas et Cofinal.

Le même no. 24 contient encore des arrêtés de 1, 2, 3 et 7 thermidor, portant renvoi au tribunal révolutionnaire de quatre cent quatre-vingt individus.

Réponse. Ces arrêtés, trouvés chez Robespierre, sont le résultat des deux commissions populaires, instituées par décret pour juger les détenus. Il n'y a eu que ces deux organisées, et cependant il devoit y en avoir six; elles ne jugeoient pas seulement les détenus de Paris, mais ceux de toute la République. Leur décision étoit appuyée de pièces qui existent au comité de sureté générale; et quand Lecointre a grand soin de faire l'énumération de ceux qu'elles avoient envoyés au tribunal, il se garde bien de parler du grand nombre de citoyens, dont elles ont prononcé la rélaxation.

Sur l'article 19 Lecointre présente, sous le no. 25, le mémoire de Dusaulthoy, contenant les horreurs commises aux prisons de

Lazare, pour transformer les prisonniers en conspirateurs, par des manœuvres pratiquées par Hermann, ministre de la justice.

Réponse. Le nom seul d'Hermann suffiroit pour justifier le comité de salut public : car cet Hermann étoit l'agent et le complice de Robespierre, frappé comme lui par les décrets de la Convention nationale dans les journées des 9 et 10 thermidor. S'il y a eu des manœuvres dans les prisons, c'étoit donc l'ouvrage exclusif du triumvirat, quand sur-tout il est constant que le comité de salut puhlic, étranger et à leur administration et à leur surveillance, ne s'en est aucunement mêlé.

Le n°. 26 est un imprimé du représentant du peuple Brunel, qui confirme les faiseurs de listes de proscription dans les prisons.

Réponse. Mais cet imprimé ne peut sûrement pas dire que le comité de salut public ait jamais eu de pareils agens. Il existe dans ses archives plusieurs lettres de détenus qui demandoient à être entendus pour dénoncer des complots contre la convention, ou des fabrications de faux assignats. Notre collègue Sergent, lui-même, lors de la conspiration d'Hébert, vint nous prévenir qu'un homme s'étoit adressé à lui pour donner de grands renseignemens en ce genre; on nomma des membres du comité pour recevoir sa déclaration, dont Prieur de la Côte-d'Or, autant que je puis me le rappeler, fut du nombre. On en a, je crois, entendu deux autres, qui annonçoient les faits les plus graves, comme on peut le vérifier par leurs lettres, et qui encore ont été introduits au comité par Robespierre. Ainsi, qu'on se peigne dans quelle situation critique se trouvoit un comité qui étoit responsable de tout événement, menaçant pour la tranquillité publique et pour la sûreté de la représentation nationale, dont il auroit été prévenu d'avance, sans éprouver la plus légère sollicitude à cet égard; tandis que, d'un autre côté, ce comité étoit circonvenu de toutes parts par des conspirateurs, et accollé à un tyran dont la volonté étoit devenue impérative?

Le 26e. numéro est une lettre de Ferriere-Sauvebœuf, de laquelle il résulte qu'au comité de sureté générale, Fouquier-Tinville présent, on a voulu en faire un instrument de prisons.

Reponse. Mais cette lettre ne dit même pas quels sont ceux qui ont fait une pareille tentative auprès du citoyen Ferrière-Sauvebœuf; sont-ce les membres du comité de sureté générale, qui n'avoient que des déclarations à recevoir? est-ce Fouquier-Tinville, qui ne pouvoit être là que pour donner des renseignemens? Enfin, que contient cette lettre qui soit relatif au comité de salut public, et même anx membres du comité de sureté générale, inculpés personnellement.

Sous le n°. 27 est une copie du procès-verbal de l'évasion de Saint-Amand, le 17 vendémiaire de l'an trois, de la maison d'arrêt des Anglaises de l'Oursine. Lecointre ajoute que ce prisonnier étoit visité habituellement par les agens de l'ancien comité de sureté générale, et qu'on le regardoit comme l'un de leurs prisonniers moutons.

Réponse. Si c'est-là ce que Lecointre présente comme une pièce probante, il lui reste encore à dire ce qu'elle contient positivement à la charge de ceux qu'il dénonce.

Sur l'article 20, Lecointre fournit n°. 28, un imprimé de Guffroy sur les crimes de Lebon.

Réponse. Pour nous opposer cet écrit, il faudroit préalablement prouver que le comité de salut public a été participant à la conduite reprochée à Lebon.

Le n.° 29 est le rapport de Barrère, fait au nom du comité de salut public le 21 messidor, qui disculpa Lebon de ses crimes, et le décret par lequel la convention passe à l'ordre du jour sur les dénonciations faites contre ce représentant.

Réponse. Ce rapport ne disculpa point Lebon,

et

et porte au contraire que le comité pense que ce représentant n'est pas sans avoir des reproches à se faire. Mais dans un moment où les deux comités étoient convenus de ne pas laisser attaquer la représentation nationale, pour ne pas coïncider avec les projets liberticides de Robespierre qui ne songeoit qu'à la mutiler, et lorsque Lecointre convient que cette vérité lui a été annoncée dans le temps par des membres du comité de sûreté générale ; comment peut-il faire un crime au comité de salut public de s'être borné le 21 messidor à la proposition d'un décret d'ordre du jour concernant Lebon ?

Le n°. 30, est le décret qui ordonne l'arrestation de Joseph Lebon.

Réponse. Ce décret est encore personnel à ce représentant, et ne prouve rien nominativement contre les membres dénoncés par Lecointre.

Le même numéro contient le décret du 15 thermidor qui met David en état d'arrestation.

Réponse. Ce décret est particulier à David. Il a été rendu, parce qu'on l'a accusé d'avoir dit, le 9 thermidor, qu'il boiroit la ciguë avec Robespierre. Mais il s'en faut que l'on puisse nous faire la même imputation ; et tout homme de bonne-foi qui rapprochera de la dénonciation de Lecointre, ce qui s'est passé, et dans les séances des deux comités, et dans celles du 8 thermidor, le matin à la Convention, et le soir aux Jacobins; et dans les journées des 9 et 10 du même mois, on sera soulevé d'indignation ou on rira de pitié; et la postérité aura de la peine à croire cette persécution ou cette extravagance.

Le n°. 31, est un imprimé concernant les noyades, les fusillades, les mariages prétendus républicains de Carrier.

Réponse. Ce sont toujours les actions des autres que Lecointre nous attribue. Il est vrai qu'il nous reproche les pouvoirs illimités dont Carrier étoit revêtu. Mais ces pouvoirs étoient ceux donnés à tous les représentans en mission, et, d'après la loi, ils ne pouvoient pas avoir une autre forme. Si Carrier en a été investi pendant dix mois, il faut dire aussi que les crimes dont il a été accusé n'ont été commis que pendant les derniers mois de sa mission, qu'il a nié, jusqu'au moment où il est comparu au tribunal, jusqu'à leur réalité, et qu'il a été rappelé aussi-tôt qu'il est venu au Comité des dénonciations formelles; car ce rappel a suivi immédiatement la lettre de Julien fils.

Le n°. 32 est le décret du 4 frimaire, qui porte qu'il y a lieu à accusation contre Carrier.

Réponse. Quand Lecointre se contente de rapporter de pareilles preuves, il auroit dû attendre encore quelques jours pour avoir le jugement qui condamne Carrier; cela lui eût fait une pièce de plus, et il eut gagné en nombre ce qu'il ne peut obtenir en démonstration.

Le 33e numéro est l'extrait des lettres de Louvet, capitaine au premier bataillon de Seine et Oise, avec les quatre lettres originales, portant qu'à Nantes et dans la Vendée, en nivôse, pluviôse et ventôse, on fusilloit et noyoit hommes, femmes, enfans; qu'on pilloit, violoit, incendioit ce pays sans distinction.

Réponse. Quand Lecointre choisit à son gré trois membres du Comité de salut public, pour leur attribuer exclusivement des faits dont les auteurs sont en partie les brigands eux-mêmes, peut-être me seroit-il permis de lui rappeller qu'à l'époque qu'il indique, j'étois en mission et absent. Mais je n'ai pas besoin de m'isoler pour repousser un reproche que ne peut mériter le Comité de salut public. Car s'il eut été vrai que les horreurs décrites par notre accusateur, eussent été commises dans toute la Vendée, par les ordres de ce Comité; est-il présumable qu'on ait été jusqu'à ce jour, sans fournir de nulle part une seule preuve de ces prétendus ordres? Eh! pourquoi cette imposture dirigée précisément contre nous; quand c'est notre collègue Carnot qui étoit chargé de cette partie?

Sur l'article 21, Lecointre le justifie par l'indication d'arrêtés, qui, dit-il, seront vérifiés sur les registres.

Réponse. Ils existent donc, ces registres? Et cependant le seul nouveau chef d'accusation que Lecointre ait pu ajouter aux vingt-six anciens, jugés deux fois par la Convention nationale, est de n'avoir pas tenu de registres. Ce n'est pas qu'il puisse nous reprocher les arrêtés dont il parle dans cet article, il suffit même de consulter l'indication qu'il en donne, p. 171 de son mémoire, pour se convaincre combien le comité de salut public s'est occupé de la prospérité de la république pendant l'absence du tyran; mais il nous fait un crime de ce que les commis chargés de la signature ont été prendre celle de Robespierre; et ce sont-là les forfaits que Lecointre poursuit avec tant de fureur!

Sur l'article 22, il prétend que les faits imputés sont reconnus, et que les arrêtés qui ont mis en place les conspirateurs Lavalette et autres, étant au comité, les registres font foi que les prévenus les ont signés.

Réponse. Cela est très-possible; mais le discours de Saint-Just fait foi, aussi bien que ce qui s'est passé et dit dans la journée du 9 Thermidor, que cette nomination de Lavalette a été l'ouvrage du triumvirat, qui nous accusoit de son côté d'avoir voulu chasser et faire arrêter ce même Lavalette avec Henriot, tous deux principaux instrumens de cette conspiration. Voilà deux dénonciations contradictoires, et celle de Lecointre ne prévaudra pas sur des faits constans.

Sur les articles 23, 24 et 25, il se borne à prétendre que les faits imputés sont prouvés et reconnus par la discussion.

Réponse. C'est-à-dire que Lecointre n'a même pas trouvé de pièces anonymes pour venir à l'appui de ces trois articles; et quand le résultat de la discussion a été un décret qui les déclare faux et calomnieux, on ne voit pas trop dans quel sens il peut invoquer cette discussion.

Sur l'article 26, il affirme encore que la discussion justifie et au-delà, cet article.

Réponse. Et pour preuve que la Convention après cette longue discussion, a justement déclaré cet article calomnieux, c'est que, comme je l'ai déjà dit, les commissions données à Beaumarchais, Espagnac et Haller, l'ont été par nos collègues qui nous avoient précédé au comité de salut public.

Le nº 34 est une lettre de Collot à Duplay, datée de Lyon du 15 frimaire.

Réponse. Cette lettre est un écrit étranger aux comités accusés par Lecointre, et auquel Collot se charge de répondre.

Les nºˢ 35 et 36 sont deux lettres du représentant du peuple Fouché à Chaumette.

Réponse. Ces deux lettres sont encore des écrits particuliers, et que Lecointre n'a pu mettre en ligne de compte que pour faire nombre.

Le nº 37 contient une déclaration faite en vendémiaire dernier, à la section de la police du comité de sureté générale, par Soulès, de laquelle il résulte que Gaillard, qui s'est brûlé la cervelle à Lyon, lui a déclaré que la contre-révolution étoit organisée par Robespierre et Collot, que les patriotes les plus énergiques alloient être guillotinés comme conspirateurs, et qu'ils l'avoient envoyé à Lyon, sa patrie, pour servir leurs vues.

Réponse. Peut-être pouroit-on demander à Soulès pourquoi il a attendu près d'un an après la mort de Gaillard, pour faire cette déclaration, et même plus de deux mois après le supplice de Robespierre? On pourroit encore lui demander comment Gaillard n'a rien dit de ce fait dans l'écrit qu'il a laissé en mourant? Mais qu'a de commun cette déclaration avec la dénonciation de Lecointre, dirigée contre les deux comités? et de quel poids peut-elle être dans une affaire où des pièces évidemment mendiées, ne prouvent que la malveillance de ceux qui ont recours à de pareils moyens?

Dans des observations additionnelles, Lecointre annonce qu'il avoit oublié de citer la loi qui défend aux représentans du peuple en mission de déléguer leurs pouvoirs, et qui charge le comité de salut public de veiller à l'exécution de cette loi, et le décret qui ordonne aux représentans du peuple en mission de se conformer exactement aux arrêtés du comité de salut public, ainsi que les généraux et autres agens de ce comité.

Réponse. Pour nous rendre responsables de l'inexécution de ces deux loix, il faudroit que Lecointre eût nommé ceux de nos collègues qu'il présume les avoir enfreintes, et il est étonnant que sa fureur de dénoncer se trouve en défaut; ou bien ne connoissant pas encore de représentans contre qui il puisse diriger cette accusation; c'est-pourquoi, sans doute, il a annoncé qu'il vouloit leur faire rendre compte de leur mission. Quoi qu'il en soit, le fait fût-il prouvé, il faudroit de plus, qu'il justifiât que nous avons été avertis de ces prétendues violations des décrets; car nous n'avons pas pu deviner ce que faisoient nos collègues à cinquante et à cent lieues de nous ; à moins que Lecointre nous fasse un crime de n'avoir point attaché des espions à leurs pas ; enfin, il devroit en outre prouver qu'en ayant été instruits, ce sont positivement ceux qu'il dénonce qui se sont opposé au maintien de l'exécution de ces loix ; car il sait que nous n'étions pas chargés des détails de la guerre, des subsistances, du commerce et des manufactures d'armes. C'est ainsi que son accusation frappe toujours sur l'ensemble des deux comités, quand il n'attaque que quelques-uns de ses membres ; aussi, de toutes les pièces qu'il présente, il n'en est pas une qui ne soit l'ouvrage de tous, et qui, si elles offroient la preuve de quelques délits, ne les envelopâssent eux-mêmes, sans faire beaucoup de peine à Lecointre, puisque, s'il ne les a pas mis en ligne, il n'en a pas moins soudé l'anneau qui les rattache ; et une vérité bien constante, c'est que Robespierre, qui vouloit anéantir la représentation nationale, n'a pourtant jamais osé donner à ses intentions ostensibles l'étendue révoltante des accusations de Lecointre.

Enfin Lecointre cite une lettre de moi à Dumouriez, du 23 septembre 1792, qu'il dit être conçue en ces termes : « Arrivé depuis trois

trois jours, mon cher général, à chaque instant, à chaque minute, j'ai eu l'intention de vous écrire, sans pouvoir trouver cette satisfaction..... Je voulois d'ailleurs vous donner des nouvelles de la situation dans laquelle j'ai trouvé Paris, tant pour les choses que pour les personnes.

» C'est hier seulement, mon cher général, que j'ai pu avoir la parole à la Convention, pour lui faire le rapport de ma conduite à l'armée, et des faits dont j'ai été le témoin....

» Le porteur de cette lettre est le citoyen Laribeau, mon ami intime, ... ce sera pour vous un homme de confiance; ..... c'est mon ami que je donne à mon ami, et cela seul allège le sacrifice que je fais de l'un et de l'autre....

» Je vous demande une grace, celle de m'écrire aussi dans les circonstances décisives, pour me mettre en mesure d'agir..... Bon jour, mon cher général, croyez-moi votre ami pour la vie. «

Réponse. Malgré les lacunes qui mutilent cette lettre, je demande ce qu'elle présente de répréhensible, lorsqu'elle est datée du 23 septembre 1792, et qu'elle ne contient rien qui ne soit conforme au rapport que j'ai fait de ma mission à la convention nationale? J'arrivois alors de l'armée; j'avois trouvé Dumouriez dans la position la plus critique, n'ayant que quinze mille hommes, presque nuds, à opposer à l'armée des prussiens, composée de quatre-vingt mille hommes, qui étoient déja maîtres de Longwy et de Verdun, et qui tenoient, pour ainsi dire, investi le camp de Grandpré, n'ayant qu'une issue pour en sortir. Pendant mon séjour là, j'avois vu Dumouriez se donner beaucoup de peines pour opérer la jonction des renforts qui lui étoient envoyés, et qui n'arrivoient point; enfin la clef principale de son camp fut prise, et il ne restoit plus d'autre ressource que de l'évacuer dans la nuit; ce qui fut exécuté. Le lendemain, arrivé au camp de Dammartin, à peine les soldats dressoient-ils leurs tentes, après quinze heures de marche, qu'une terreur panique se répand dans l'armée, et que dans un instant la déroute devint générale. Aussi-tôt Dumouriez monte à cheval, et en moins d'une demie-heure, il la rallie. Il ne pouvoit, sans doute, rendre un plus important service à la patrie, exposée au plus grand danger, si tout-à-coup elle se fût trouvée sans armée dans le point où il y avoit une force ennemie de quatre-vingt mille hommes. Je ne l'ai pas caché dans le tems, et je ne le nie point aujourd'hui; la conduite que tint Dumouriez, dans cette circonstance, m'inspira pour lui, et de la reconnoissance et de la confiance. Il n'est donc pas étonnant qu'à mon retour, je lui aie adressé une lettre dictée par ces sentimens, lorsque plus de six mois après la date de cette lettre, Dumouriez a conservé le titre de libérateur de la France. Le crime eut été d'avoir des liaisons avec ce général perfide, lorsqu'il trahissoit; mais j'ai rompu avec lui dès l'époque de la fuite concertée des Prussiens, et lorsque je fus instruit que Fabre-d'Eglantine étoit allé secrètement au camp de la Lune pour arranger cette trahison. Plusieurs de mes collègues me rendront le témoignage, que je leur en ai parlé avec force dans le tems; et c'est même depuis ce moment que j'ai commencé à avoir des soupçons sur le compte de Danton, et que j'ai cessé de le voir. Aussi quand Dumouriez est venu à Paris, et qu'il s'est vu couvert d'applaudissemens, et à la Convention nationale et aux Jacobins, ai-je été de ceux qui l'ont félicité? N'est-ce pas moi qui demandai la parole pour l'interpeller et le forcer de s'expliquer sur le traître Dillon? Et si l'aveuglement n'eut pas été à son comble, l'embarras et l'équivoque de la réponse qu'il fut obligé de faire, n'eûssent-ils pas été suffisans pour le déceler? M'a-t-on vu dans la tourbe de ceux qui se sont alors montré ses vils courtisans? Ai-je figuré avec lui dans les spectacles? Ai-je participé à ses infâmes orgies? On les connoît ceux-là, Lecointre; et ils seroient de ses amis s'ils vivoieut encore, à en juger par ceux qu'on te connoît aujourd'hui. Assurément, après la trahison de la Belgique, qui ne laissoit plus de doute sur la perversité de cet homme, et en repassant alors toutes les époques de sa vie, j'ai pu citer celle de son ministère comme une preuve des nuances dont elle étoit entachée, sans me trouver en contradiction avec la lettre que tu cites, et relative à la seule circonstance où il s'est parfaitement conduit. Du reste, je n'avoue ni ne dénie que ce soit là la véritable lettre que j'ai écrite, puisque Lecointre n'en présente qu'une copie tronquée. Elle porte que j'ai attendu quelques jours, afin de pouvoir donner des nouvelles de la situation de Paris, tant pour les personnes que pour les choses: mais ces détails ne sont donc pas ce que des lettres italiques semblent vouloir faire présumer, puisqu'on les a retranchées de cette copie? On y lit une invitation de m'écrire dans les circonstances décisives, pour me mettre en mesure d'agir...... Pourquoi ces points? il y a donc là encore une explication qui ne convient point à Lecointre? Et si, par exemple, il étoit question dans ce passage, de quelques généraux perfides, tels que ce Dillon, dont Dumouriez s'étoit si fortement plaint à moi, en me conjurant de l'en débarrasser, si cela m'étoit possible, eussé-je si mal fait de lui marquer de m'écrire pour me mettre en mesure d'agir? Mais que Lecointre nous apprenne donc comment et par qui cette lettre a été remise au comité de sûreté générale. Est-ce Dumouriez qui l'a envoyée; ou celui qui l'a reçue de lui dans ce moment n'est-il pas le seul qui se rende au moins très-suspect? Voilà pourtant comme notre accusateur prétend prouver que je suis un lâche et vil adorateur de la fortune et de l'homme en place. Mais qu'il cite donc un seul trait de ma vie qui puisse indiquer de pareils sentimens?. Qu'il cite les hommes en place dont j'ai recherché la faveur avant même la révolution; que j'aie seulement connus, quoique je fusse alors aussi à portée qu'un autre de me rapprocher des hommes puissans par leur fortune ou par leurs places? Qui a vécu constamment plus isolé que moi, lors même que je me suis trouvé dans le cas de voir beaucoup de monde; qui a conservé plus scrupuleusement ses mêmes habitudes et sa même manière d'être? A quels conspirateurs ou à quels intrigans me suis-je attaché? En est-il un seul, au contraire, de ceux qui ont joué un grand rôle, et qui ne m'ait pas trouvé du nombre des républicains qui ont concouru à les démasquer et à les abbattre? Je n'ai jamais eu d'intimité avec Robespierre lui-même, qui a joui si long-tems du titre de patriote par excellence : m'as tu vu, comme lui, défendre et combattre tour-à-tour les traîtres à la patrie? Dans un seul de mes discours, ai-je même jamais parlé de lui pour le louer? Ai-je davantage occupé de moi le public comme tant d'autres? M'as-tu vu empressé à me montrer autant que je l'aurois pu? Combien de fois mes collègues m'ont-ils reproché mon silence? et si je n'eusse pas dédaigné de répondre à tant de calomnies, crois-tu qu'il m'eût été difficile de confondre et de faire taire des imposteurs, qui réduits à de vaines déclamations, sans avoir un seul fait positif, personnel et prouvé à m'opposer, ne seroient point allés si loin, si dès le principe on eut pris la peine de les arrêter; mais les calomnies passent, et la vérité reste. Il est des circonstances où l'acharnement qu'on met à poursuivre la perte de quelques hommes, est la preuve même qu'ils ont rempli leurs devoirs; et quoi qu'il arrive, comme je le disois à Robespierre lui-même dans la séance du 9 thermidor, quand on a pour soi sa conscience, on est au-dessus de tous les évènemens; ou s'il y a à gémir, c'est sur le sort du peuple, toujours à plaindre quand il est trompé.

De l'imprimerie de R. Vatar, et ass. rue de [illegible] n°. 39.

www.ingramcontent.com/pod-product-compliance
Ingram Content Group UK Ltd.
Pitfield, Milton Keynes, MK11 3LW, UK
UKHW021107220726
13924UKWH00004B/1565

9 782019 224011